図解で詳しくわかる

先生1年目からの
全教科
授業スキル
アイデアBOOK

浦元　康

はじめに

　『先生１年目からの授業づくり完全ガイド』が発刊されてから，まもなく１年が経とうとしています。前拙著は，授業づくりに悩む方や，自身の授業づくりの視点をアップデートしたいという先生方のために書かせていただきました。ありがたいことに，発売１か月足らずで重版となり，多くの方々に手に取っていただきました。「起承転結」を活用した授業づくりによって，教師と子どもが教材研究の視点を共有できるという，現場視点で役立つ情報を凝縮した内容となっています。

　その続編にあたる本書は，前作の成果をさらに拡充・深化させた『指導技術』に特化した内容です。授業の「起承転結」という型を生かしながら，学習段階に適した具体的な指導技術を紹介しています。

　本書で紹介される指導技術は，一般的には誰かが教えてくれるものではなく，優れた先生が現場での経験を通して「なんとなく」実践しているものです。それゆえ，言語化されず，無意識で身に付けていることが多いのです。

　私の教員生活は順風満帆ではありませんでした。初任の頃は，離れた校舎で単学級を担任し，相談相手もなく，日々悩みながら授業をつくり，子どもたちと向き合っていました。当時は授業に時間をかけても，的外れなことも多く，未熟な指導で子どもたちを困らせていたこともあったと思います。

　授業の導入では「子どもたちの興味を引くことが大事」と教わりましたが，どうすれば彼らの学習意欲を引き出せるかはわかりませんでした。淡々と授業を始め，子どもたちが休み時間モードから切り替わらないまま授業が進んでしまうこともありました。

　授業の展開では「山場をつくる」ことが重要だと言われましたが，その「山場」をどのようにつくるのか，子どもたちをどのように導くのか，当時の私には不明でした。ただ，問題を出し，発表させ，まとめて終わるだけの授業が多く，教師の技術の見せどころが理解できていなかったのです。

はじめに　003

授業の終末では，子どもたちの考えを「まとめる」といった表面的な作業に終始していました。あらかじめ教師が用意した「まとめ」を使い，それとなく掲示するだけでした。しかし，後になって振り返ると，この「まとめ」を子どもたちとともにつくり上げる過程が，教師としての面白さだと感じるようになりました。

　初任の頃は，研究授業を通じて授業を参観する機会がありましたが，それはあくまで練りに練られた特別な授業です。日々の授業とは異なるため，その視点を直接，日常の実践に生かすのは難しいことでした。毎日の授業は「ライブ」そのもの。朝，お家の人と喧嘩して登校してきた子どもや，友だちとのトラブルに巻き込まれ，モヤモヤしたままの子ども，休み時間からの気持ちの切り替えを上手にできない子どもなど，様々な背景や思いをもつ子どもたちが教室に集まっています。そんな子どもたち一人ひとりに向き合い，学習意欲を引き出し，自力解決を促しながら，学びを深める言葉かけをし，「できた！」「わかった！」「友達と一緒だからできた！」といった自己効力感を日々の授業で感じさせることが必要です。

　本書では，このような「ライブ感」のある授業で役立つ具体的な指導技術を紹介しています。各段階に応じた技術は，特定の教科に限らず，全教科に応用可能です。明日からでも実践できる技術が詰まっており，教師としての即戦力になること間違いありません。

　例えば，「問い返しの技術」は，授業の中で欠かせないものです。授業が上手な先生は，必ずこの技術を使いこなしていますが，それを身に付けるには時間がかかります。しかし，まずは技術を知り，それを実践し，自分に合った形で取り入れることで，成長のスピードを大幅に高めることができます。「知らなければできない」ことは「知っていればできる」ということでもあります。毎日の授業はトライアンドエラーの連続であり，その積み重ねが，教師としての資質・能力を高めていくのです。

私は，ＳＮＳを通じて指導技術を発信しています。この発信は，日々の授業づくり・指導技術に悩んでいる先生方に向けて行っており，ありがたいことに，多くの方から共感をいただいています。現場で多忙を極める先生方にとって，授業づくりの時間が十分に取れない状況もあるかと思います。そんなとき，本書のような実践的な指導技術を集めた書籍が，きっと役立つでしょう。

　本書は，見開き１ページで内容が構成されています。左ページは，図解でまとめています。図解部分は，汎用性高く実践することができるよう，抽象的な視点でつくっています。右ページには，その詳細を示しています。
　すべての技術を取り入れる必要はありません。子どもの実態に合わせて，自分に合った技術を選び取っていただければと思います。そうすることで，「明日はこの発問を試してみよう」「この導入で仕掛けてみよう」と，前向きな気持ちで授業に臨めるはずです。その前向きな姿勢は，必ず子どもたちに伝わります。

　本書の目的は，ライブ感ある日々の授業を充実させることです。指導技術を横断的に使いこなせるよう，多くの実践を掲載しています。現場での授業づくりに役立てていただければ幸いです。

2024年12月

浦元　康

「起承転結型授業」まとめ

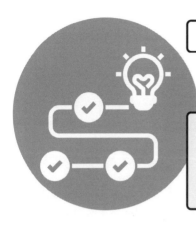

一単位時間の授業の流れをパッケージ化

教材研究の視点も深まり、短い時間で最大限の効果を発揮することができる

「起承転結型授業」の流れ

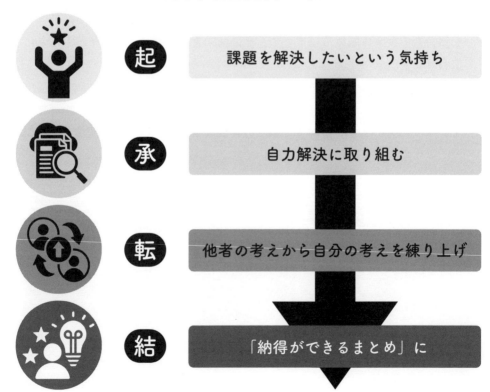

- **起** 課題を解決したいという気持ち
- **承** 自力解決に取り組む
- **転** 他者の考えから自分の考えを練り上げ
- **結** 「納得ができるまとめ」に

各教科における学習活動の例

	国語	算数	社会	理科
つかむ 起	学習計画，振り返りから学習活動を構想し，めあてを立てる	問題文を読み，課題を把握し，既習事項のズレからめあてを立てる	単元全体の学習問題を確認する 資料から問いをつくる	生活体験を想起させ，自然現象の気づきを基に問題を設定する
見通す 承	課題を解決するために，音読し、サイドラインを引く 教科書で読み取ったことから自分の考えをもつ	課題の解決方法を発想するツールを選択する 選択したツールから自分の考えをまとめる	課題を解決するためのツールを見つける 資料で読み取ったことから自分の考えをもつ	問題を解決するために必要な計画を考える 観察，実験を行う
調べる 転	多様な交流活動を通して共通点や相違点を探る	多様な交流活動を通して共通点や相違点を探る	多様な交流活動を通して共通点や相違点を探る	実験結果を共有し，妥当な考えをつくり出す
まとめる 結	考えを整理し本時の学習内容をまとめる 本時の学習内容を振り返り，次の学習内容を確認する	考えを整理し本時の学習内容をまとめる 本時の学習内容を振り返る 練習問題を解き，習熟を図る	考察したことや構想したことをまとめる 自分の調べ方や学び方，結果について振り返る	考察したことから，本時のまとめをつくる わかったことや実験への取り組みなどを振り返る

CONTENTS

はじめに 003

「起承転結型授業」まとめ 006

CHAPTER
1
全教科「ずっと使える」授業スキル
活用のポイント

0 授業における「起承転結」とは？ 014

POINT
1 「起」の段階の授業スキルはスイッチを入れるために 016

POINT
2 「承」の段階の授業スキルは見通しを明確にするために 018

POINT
3 「転」の段階の授業スキルは思考を拡散・展開するために 020

POINT
4 「結」の段階の授業スキルは新しい考えに気づけるように 022

CHAPTER 2 図解で詳しくわかる 先生1年目からずっと使える授業スキル

発問のスキル

01	概要　子どもの学びに寄り添った発問テクニック	026
02	起の段階　子どもの学びスイッチを入れる確認発問	028
03	起の段階　子どもの学習参加意欲を高める全員参加発問	030
04	起の段階　子どもが本時の学びを自分事とする中心発問	032
05	承の段階　本時の学びを見通す見通し発問	034
06	結の段階　本時の学びを振り返る振り返り発問	036

ペア対話のスキル

07	概要　ペア対話のメリット × 成功ポイント	038
08	起・承の段階　「訊く」をベースとしたペア対話	040
09	転の段階　「聴く」視点を明確にする	042

指示のスキル

| 10 | 概要　雰囲気づくり × ルールづくり＝指示が通りやすい風土醸成 | 044 |
| 11 | 承の段階　学習進行表で指示を視覚化する | 046 |

子どもを動かすスキル

12	概要　子どもの動かし［型］＝発問型 × 動き	048
13	起の段階　「想起・未来予想 × 隊形 × 動き」で多様な活動に	050
14	承の段階　子どもを動かして，「すること」を焦点化	052
15	結の段階　「わかった！できた！」を動きで実感	054

教師の演技力

16	概要　「役者」「芸者」になって授業を活性化させる	056
17	起の段階　子どもの学びをドラマティックにする	058
18	承の段階　子どもの自力解決を促進する	060

問い返しスキル

19	概要　「広げる!」「深める!」問い返し	062
20	転の段階　「発表者対教師」から,「発表者対子どもたち」へ	064
21	転の段階　問い返しで学びをさらに深める	066

説明スキル

22	概要　学びの土台と補足を担う説明スキル	068
23	起の段階　理解度を揃え,安心できる学びにつなぐ	070
24	結の段階　学びを実感させ,つかみ取らせる	072

励ますスキル

| 25 | 概要　子どもにも,教師視点でも,幅広い面で効果的 | 074 |
| 26 | 承の段階　励ます視点を明確にする | 076 |

引き返すスキル

| 27 | 概要　子どもの気持ちに寄り添って引き返す | 078 |
| 28 | 承の段階　感情とメリットで前向きに引き返す | 080 |

やる気を引き出すスキル

| 29 | 概要　やる気は技術で引き出せる | 082 |
| 30 | 承の段階　学びの「原動力」を引き出す | 084 |

反応するスキル

| 31 | 概要　個に応じた反応スキルを活用する | 086 |
| 32 | 承・転の段階　子どもと授業を楽しむ「反応ことば」 | 088 |

ジェスチャーのスキル

| 33 | 概要　ジェスチャーで重要事項を共有する | 090 |
| 34 | 全段階　１時間１ジェスチャーを使う | 092 |

子どもの注目を引きつけるスキル

| 35 | 概要　声を荒げずに引きつける | 094 |
| 36 | 起・転の段階　「だれでも」「すぐに」「できる」を意識する | 096 |

導入スキル

| 37 | 概要　持続可能な導入スキルを手に入れる | 098 |
| 38 | 起の段階　導入スキル＝「直感的×自分事」で考える | 100 |

ラベリングスキル

| 39 | 概要　「効果絶大」だからこそ慎重に使う | 102 |
| 40 | 全段階　ラベリング言葉×教師の演技力 | 104 |

ネームプレート活用スキル

41	概要　学習指導と生徒指導を一体化する	106
42	起の段階　子どもが学習に向かう意欲を高める	108
43	承の段階　見方・考え方，手法を自己決定させる	110
44	結の段階　本時の学びを振り返る	112

音楽活用のスキル

| 45 | 概要　音楽で子どもの気持ちに寄り添う | 114 |
| 46 | 全段階　音楽は結婚式をイメージして使う | 116 |

つぶやき活用のスキル

| 47 | 概要　あいづち指導でつぶやきを引き出す | 118 |
| 48 | 全段階　子どもたちの本音で授業をつくる | 120 |

CONTENTS　011

ＩＣＴを活用するスキル

| 49 | 概要 ツールとしてＩＣＴを使い倒す | 122 |
| 50 | 転の段階 ＩＣＴで協働を促進する | 124 |

子どもが納得する学習計画をつくるスキル

| 51 | 概要 子どもたちの学びの道標をつくる | 126 |
| 52 | 単元づくり全体 「自分たちの学習計画」にする | 128 |

非言語スキル

| 53 | 概要 教師の言葉に「価値」をもたせる | 130 |
| 54 | 承の段階 子どもたちとの共通非言語をつくる | 132 |

心理学を生かすスキル

| 55 | 概要 自らの指導に心理学的背景をもたせる | 134 |
| 56 | 全段階 即実践できる実用的な心理学を知る | 136 |

時間を設定するスキル

| 57 | 概要 「時間意識」で子どもたちを育てる | 138 |
| 58 | 全段階 「見通し」と「安心感」を時間で生み出す | 140 |

振り返りのスキル

| 59 | 概要 学びを「実感」できる振り返りをつくる | 142 |
| 60 | 結の段階 学びを自分自身と結びつけさせる | 144 |

おわりに 146

参考文献一覧 150

CHAPTER 1

全教科

「ずっと使える」
授業スキル
活用のポイント

0 授業における「起承転結」とは？

　一単位時間の授業を構成するときに，みなさんはどのように授業を構成していますか？

　授業づくりは「起承転結」で行います。起承転結とは，いわゆるＰＤＣＡサイクルのことです。Plan（計画），Do（実行），Check（評価），Action（改善）といった目標達成のプロセスです。このような形で授業をデザインしたものを私は「起承転結型授業」と呼んでいます。

　起承転結型で授業を進めることにより，子どもたちは「学び方」を体験的に知ることができます。「今は，計画を立てている場面なんだ」「次は，友達と聞き合って考えを磨くんだ」というように，学習場面をプロセスとして学びを包括的に捉えることができます。これが自律した学習者へと向かう第一歩となります。

起承転結型を子どもたちと共有する

　「起承転結」を学習用語として，子どもたちと共有することが大切です。起の段階は，子どもたちが課題を「つかむ」場面です。困り感や理想から課題への関心を高め，課題解決への意欲を高めます。
　承の段階は「見通す」場面です。見方・考え方を働かせて，個人で課題解決に努めます。
　転の段階は，自分の考えを「調べる」場面です。個人の考えを友達と交流し，教師による問い返しにより自分の考えを深めたり，広げたりします。
　結の段階は，本時の学びを「まとめる」場面です。本時の学習全体から学

習者が納得できるまとめをつくります。教師がまとめへとつながるように問い返しをしていきます。また，振り返りを効果的に活用し，自己の学習を認知し，次時へとつなげる役割があります。

段階	子ども	日々の授業
起	つかむ	学習者の興味関心を高め，課題を解決したいという気持ちから，学習課題を設定する
承	見通す	見方・考え方や調べ方，学習手順を共有し，自力解決に取り組むことができるようにする
転	調べる	交流活動や教師の問い返しを通して，考えを練り上げる
結	まとめる	練り上げた考えから納得解のあるまとめをつくっていく

起承転結型の授業による教師のメリット

　起承転結型で授業を構成することにより，教師は授業づくりの視点が明確になり，短い時間で教材研究を充実させることができます。また，問題解決型の思考に沿って授業を構成しているので，全教科横断的に活用することができます。起承転結の型を基にして，教科の特質を組み合わせることにより，効果を最大限発揮することができます。

　起承転結型により，授業展開が構造化され，授業参加を促進し，子どもが「わかる」授業を展開することができます。また，指導事項が焦点化され，子どもは学習の目的を明確に捉え，学びへと集中していきます。このように，起承転結型の授業はユニバーサルデザイン化された授業になります。

CHAPTER I　全教科「ずっと使える」授業スキル　活用のポイント　015

POINT 1 「起」の段階の授業スキルは スイッチを入れるために

学習者としてのスイッチを入れる

「ここは，力を入れたい！」という教科では，具体物をつくったり，実物を持ってきたり，学習と関連のある地域の人にインタビューしたりすると，授業への関心を高めることができます。しかし，日々の授業づくりにおいて，導入を工夫するために毎回教材をつくることは難しいです。

また，休み時間を終えた子どもたちの気持ちを想像すると，「今から勉強面倒くさいな」「まだ休みたかったな」といった，学習に後ろ向きな気持ちからスタートする子どもたちも少なくはないでしょう。

起の段階において，子どもたちの興味関心を高めるためには，学習者としてのスイッチを入れることが大切です。

まずは，準備物の確認です。学習の準備が整っていなくては，どんなに教師が時間をかけた用意周到で秀逸な導入であったとしても，その効果は半減します。学習用具の準備を徹底することが大切です。準備が難しい子どもは，休み時間に教師が一緒に準備し，全員が授業に向かえる体制を整えるようにします。授業の準備が整えば，「ほめる視点」として捉えることもでき，気持ちのよいスタートを切ることができます。

このスイッチを生かすためには，チャイムを最大限活用します。

教師は，授業のチャイムと同時に授業を始めることができるように，時間をきっちりと守り，授業をいつでもスタートできるように待ち構えておきます。毎回チャイムを意識して授業を始めることで，子どものスイッチを入れ

ることができます。また，黙想を取り入れて，心を落ち着かせる時間を確保したり，「前回の授業は何をしましたか？」というように，第一声を統一したりして学習場面の始めをルーティン化することでも，学習者のスイッチを入れることができます。

子どもの興味・関心を引き出す

　授業のスイッチを入れることができたならば，子どもは教材へと興味関心をもちやすい状態となっています。そこからさらに，課題を焦点化したり，問題文を身近な言葉に置き換えたりすることによって，子どもたちは課題を自分事として捉えることができます。

　子どもたちが「課題を解決したい！」と感じるのは「知らなさすぎず，知りすぎず」という状態のときです。

　「リサイクルが大切だとわかっているのに，なぜリサイクルは進まないのだろう？」というように『〜なのに，なぜ〜？』といった疑問詞のフォーマットを意識することにより，子どもたちの学習意欲を引き出すことができます。このフォーマットを意識して導入を工夫することは，子どもの先行知識に自然と触れていることになります。子どもが自身の既有知識を足場として学習を展開することは，学びを自分に引き寄せ，学習を解決したいと願う気持ちと大きく関わっているのです。

　このように，教師が授業開始前から子どもたちが授業に向かう雰囲気を醸成し，ルーティン化したり，興味関心を引き出す発問をしたりすることにより，「起」の授業スキルは充実していきます。

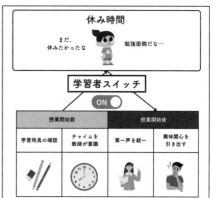

CHAPTER 1　全教科「ずっと使える」授業スキル　活用のポイント　017

POINT 2	「承」の段階の授業スキルは 見通しを明確にするために

子どもの学びはここで決まる！

　授業場面において，みなさんはどの場面が大切だと考えていますか？私は，この「承」の段階，つまり「見通し」の段階が授業において一番重要なポイントであり，授業の成功と失敗の大きな分かれ道だと考えています。

　承の段階とは，子どもが課題に立ち向かい，個人で自力解決していく場面です。このときに「見通し」をもつことができていないと，以後の授業はその子にとって思考が停止してしまう苦しい時間となるでしょう。そのため，この承の段階で子どもが「見通し」をもち，自力解決への道筋をイメージできているかが重要になります。

　では，「見通し」とは何なのかを考えていきます。私は，大きく３つの見通しがあると考えています。

　１つ目は，「成果の見通し」です。成果の見通しとは，何分間で課題解決するのか，ワークシートに課題解決をするのか，ノートにまとめるのかというように，「いつまでに」「どこに」「何を」するのかが明確になっていることです。

　２つ目は，「思考の見通し」です。思考の見通しとは，見方・考え方です。どのような思考方法によって，課題解決をしていくか，ということです。算数であれば，「分けて考える」「１つ分をつくる」，社会であれば，「時期に着目する」「地理的位置に着目する」といったものです。「思考の見通し」をもたせ，課題解決へと臨ませることが重要です。

018

3つ目は「手段の見通し」です。手段の見通しには，学習用具が大きく関わってきます。タブレットを活用して調べるのか，資料集から解決策を探るのか，具体物を探るのか，といったものです。承の時間に手段を選択させることは，学習意欲を高める動機づけにつながります。手段を子どもたちと考え，選択させ，見通しをもたせていきます。適切な手段を子どもたちが選択することにより，子どもたちは学び方を体得することができます。

　このように，「見通し」は子どもたちの学習を促進する重要な役割を担っているのです。それゆえ，「見通し」を充実させることは，本時を充実させ，自律した学習者へと成長させるための重要な学習過程になります。

机間指導を充実させる

　見通しが明確になれば，教師は机間指導に入ります。以下のような子どもの状態を適切に見取り，フォローします。そうすることで，子どもたちは学びを調整し，学びの方向性を整え，学びのエンジンをかけることができます。

①自己完結型

　「解けたらいい」と考えている子どもです。教師が「本当にあっているの？」とゆさぶったり，違う考えや同じ考えの子どもたち同士で交流させたりし，学びを多面的に捉えられるようにします。

②八方塞がり型

　無気力でテコでも動かすことが難しい子どもです。教師が励ましの言葉をかけたり，答えを先に提示し，演繹的に考えさせたりする手法が考えられます。また，具体物を用意するなど，その子の個性に応じた対応をしていきます。

③空回り型

　粘り強く課題に取り組む意欲はあるものの，解決への見通しが誤っている子どもです。教師が早めに机間指導で気づくことで，子どもの学びの方向性を修正していきます。

　このように，子どもの状態に寄り添った机間指導を行うことが重要です。

CHAPTER1　全教科「ずっと使える」授業スキル　活用のポイント　019

POINT 3 「転」の段階の授業スキルは思考を拡散・展開するために

子どもの学ぶ意義

個人での自力解決を終えた後は，自己の考えを練り上げる場面です。このとき，子どもたちは，他者と交流することにより，新たな考えに気づいたり，考えを統合したりすることができます。1人で学ぶだけでは気づくことができない学びの価値を，他者との交流によって実感することができます。

交流の相手は友達だけではありません。教師の問い返しにより，思考や感情がゆさぶられることで，自分の考えがより精緻化され，強固なものとなるのです。この，「転」の部分に学校で学ぶ価値があるのだと私は考えます。多様性を尊重する現代において，友達や教師と対話することにより，新たな考えを受け止め，知識を再構成することが必要なのです。

転の段階を成功させるには

転の段階は，子どもたちが新しい考えを受け入れるといったことに喜びや楽しさを感じられるような，受容的な雰囲気を醸成することが必要です。受容的な雰囲気を醸成するためには，「違い」を認め合えることが大切です。私は，子どもたちに，「一人ひとりが違っているから面白いんだよ」といった言葉をかけ続けています。挑戦し続け，他者の考えを共感的に受け止めることができる言葉かけをリストアップしました。教師が率先して温かい言葉かけをし，学びの充足を図ります。

安心できる学級をつくる 言葉かけ 100

1. 違っているから素晴らしい
2. 同じ考えの人は1人もいません
3. 自分と違った意見が出るのは当たり前
4. みんな違っているからみんないい
5. 違う意見は新しい考えとの出会い
6. 一緒に考えてみよう
7. あなたならできる
8. 誰でも最初は初心者
9. 変わることは成長することだよ
10. 失敗は学びのチャンス!
11. あなたの学びには驚かされます!
12. あなたの意見が大切です
13. それぞれの速さで進もう
14. いつも頑張る姿が素晴らしい
15. 質問できるのは考えている証拠
16. 自分のペースで大丈夫だよ
17. ナイスアイデア!
18. 挑戦する勇気が素晴らしい!
19. いつもあなたの頑張りを見ています
20. あなたの進歩に感動します
21. いつも全力を出しているね
22. 新しいことを学ぶのは楽しい
23. 間違いは宝物
24. 今日の努力が明日につながるよ
25. あなたの可能性は無限大
26. 大切なのはトライすること
27. お互いに学び合おう
28. あなたの成長がうれしい
29. 毎日少しずつ成長しているよ
30. 頑張るあなたが誇りです
31. 毎日が新しい学びだね
32. 最初は失敗から始まるよ
33. あなたの努力が輝いています
34. すべては一歩から始まります
35. 学ぶことに終わりはありません
36. 何事も経験
37. わからないから面白い
38. わからないから学ぶんだよね
39. あなたの頑張りが必要です
40. 失敗は次へのステップ
41. 助けを求められることは強さです
42. ナイスチャレンジ!
43. よく言えました!
44. あなたの笑顔がクラスを明るくするよ
45. 一緒に学ぼう
46. 誰でも間違えます
47. 学ぶ喜びを大切にしよう
48. 一緒に成長しよう
49. 学べば学ぶほど面白くなるよ
50. いつでもサポートするよ

51. とても助かりました
52. あなたがいてくれてよかった
53. 先生は驚いています
54. 先生も知らなかったな
55. あなたの気づきがみんなの学びです
56. 一人ひとりが大切です
57. 失敗は成功への近道です
58. みんなで高め合おう
59. あなたの頑張りを見習わなくては
60. 一緒にいると楽しいよ
61. 素晴らしいクラスだね
62. ありがとう
63. いい表情をしているね
64. オリジナルな考えだね
65. あなたから勉強させてもらいます
66. あなたの好奇心は素晴らしい
67. 一緒に新しいことを学び続けよう!
68. なるほどなあ
69. ○○先生もほめていたよ
70. 今年のクラスは一味違うなぁ
71. みんなの成長を見るのが毎日楽しみです
72. すごく集中しているね
73. 前より上手になっている!
74. あなたがいると安心します
75. 今日は何を新しく学びたい?
76. 気持ちを教えてくれてありがとう
77. 今、ここにいることが大切ですよ
78. プロ級ですね
79. いつも前向きでいてね
80. あなたの頑張りを見るのが大好きです
81. 完璧な人なんていません
82. 先生もよく間違えます
83. 毎日が新しい発見だ!
84. 毎日がチャレンジ!
85. 助けた友達も成長しているんだよ
86. あなたがいてくれて心強いなぁ
87. 不思議に思う力が学ぶ力です
88. あなたたちの可能性は無限大
89. 他の人と比べる必要はありません
90. あなたのやる気が伝わってきます
91. みんな助かっているよ
92. もっと聞かせて
93. あなたに頼んでよかった
94. よく気がついたね
95. 先生も見習います
96. どうやったのか教えて!
97. いつも進んで取り組んでいるね
98. 頑張って取り組んでいたこと知っているよ
99. あなたはあなたのままでいいんだよ
100. あなたがいてくれてうれしい!

新潟県立教育センター「子どもを認める100の言葉」を参考に著者作成

POINT 4

「結」の段階の授業スキルは新しい考えに気づけるように

成長を実感する！

結の段階においては，子どもたちが自己変容を感じられることが重要になってきます。自己変容とは，学びの手応えをつかむことです。「はじめは，ごんは悪いきつねだと思ったけど，よいきつねだと思えてきた」というように，学習前における自分の考えを振り返りながら，新しい考えをもった自分に気づくことが大切です。そのために，これまでの学習過程を振り返ることも重要です。「何度も文章を読み直した」「友達と相談して気づいた」「教師からの質問で気づいた」など，「自ら粘り強く学び続けることにより達成感を味わうことができた」という経験によって，自己効力感を高めることができるからです。この「できた！」「わかった！」といった感覚を味わせることが，結の段階では重要になります。

見方・考え方を働かせたまとめを意識する

結の段階では，練り上げた考えから納得解のあるまとめを探っていきます。納得解のあるまとめとは，「見方・考え方」と大きく関わりがあります。見方・考え方は，教科の特質に応じて，どのような視点でどのように考えたのか，ということが拠りどころになります。社会科5年生の水産業の学習において，流通の過程を見るときを例にします。生産者の思いと消費者の思いが「つながっている」ことを，子どもたちが「転」の段階で体感的に理解する

022

ことができれば，納得感のあるまとめへとつながります。このような「まとめ」は，汎用的な知識となります。次時で「米づくり」や「工業生産」を学んだときに，水産業の流通においては「生産者の思いや願いが消費者とつながっていた」ということを想起し，そのような視点で本時の内容を捉えることができれば，子どもたちの中で生きた知識として働き続けるのです。

それゆえ，教材研究において，どのような発言や記述が見られたらよいのかということを，具体的に教師がイメージしておく必要があります。そうすれば，子どもたちの思考を意識しながら，子どもたちが納得できるようなまとめを子どもたちとつくり上げることができます。

次時につなげる

結の段階では，本時の学習と学習者を結びつけることが大切です。「本時の学習で大切に感じたことはどこか」「心に残ったところはどこか」といった問いかけをします。学習者の感情が揺れ動いた場面に学びが詰まっています。学習内容の理解だけではなく，子どもたちの興味関心が高まった場面を教師が把握することにより，次時への学習意欲を高めることができます。

授業は，子どもたちとつくるものです。実態と，学習のねらいを合わせた学びをデザインすることにより，子どもたちの学習意欲は高まっていきます。結の段階は，本時の学びと学習者を「結ぶ」だけではなく，次時への学びとも「結ぶ」役割があるのです。

このように，教材研究の段階で子どもたちの具体的な姿を教師がイメージしておくことにより，結の段階は充実していきます。

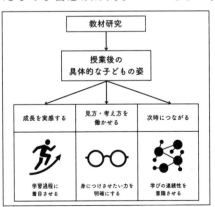

CHAPTER 2

図解で詳しくわかる

先生1年目から ずっと使える 授業スキル

発問のスキル

概要

01 子どもの学びに寄り添った発問テクニック

- 理解度を確認できる
- 授業参加を促進できる
- 子どもの思考を促す

発問のねらい

- 子どもに気づきを促す
- 問題を多面的・多角的に捉えられる
- 子どもを集中させる

確認発問
↓
全員参加発問
↓
中心発問
↓
見通し発問
↓
振り返り発問

ゆさぶり →　← 問い返し

発問のねらい

　発問とは，授業中に教師が行う意図的な問いかけのことをいい，授業構成の核となる重要な指導技術です。教師が発問の効果を把握し，ねらいに沿って活用することが重要です。以下，発問の効果について紹介します。

・**理解度の確認**…発問を通して子どもたちの理解を確認できます。
・**授業参加の促進**…適切な発問を選択することで，全員が参加しやすい授業になります。
・**思考の促進**…子どもたちの思考を刺激し，深い理解を促進します。
・**気づきの促進**…適切な発問は子どもたちの新たな気づきにつながります。
・**多面的・多角的な視点の拡大**…発問を通して問題を様々な視点から考えさせます。
・**集中力の向上**…発問によって子どもたちの集中力が高まります。

発問の種類

　授業場面や発問の効果を組み合わせながら発問を整理すると，以下の通りとなり，これらを授業構成である「起承転結」にあてはめることによって，子どもの学びに寄り添った効果的な発問をつくることができます。
※子どもの思考を刺激する「問い返し（ゆさぶり）」については，別項で詳しく解説します。

起…①確認発問　②全員参加発問　③中心発問
承…④見通し発問
転…問い返し（ゆさぶり）
結…⑤振り返り発問

発問のスキル

CHAPTER 2　図解で詳しくわかる　先生 I 年目からずっと使える授業スキル　**027**

発問のスキル

起の段階

02 子どもの学びスイッチを入れる
確認発問

発問のスキル（確認発問）

想起	予測	希望
前回学習したことは？	○○に入るのは？	今日は何がしたい？
数値	未来	回顧
いくつある？	何をすると思う？	前時の振り返りは？

学びのスイッチを入れる

　授業が始まりました。チャイムが鳴っただけで，子どもの思考はまだ準備段階ですが，確認発問を行うことで前時を振り返り，本時の学びについて展望をもたせることができます。また，学びの連続性を感じさせることにより，学習意欲を高める効果があります。

　確認発問は，教師自身も前時のつながりを意識できるので，授業改善につながる効果的な発問といえます。

確認発問を活用するための6つの視点

①**想起**…前回学習したことを想起させるやりとりを通して，本時の学びへとつなげていきます。

②**予測**…前の時間に学習した重要語句を穴あきにして問うことで，振り返りをすることができます。

③**希望**…今日の学習でしたいことを，あえて直接聞くことで本時の学びを自分事として捉えさせることができます。

④**数値**…「大事なポイントはいくつありましたか？」のように数値を問うことで，学習内容を想起させることができます。数値は発問に対する明確な答えとなるので，具体的に学習内容を思い出すことができます。

⑤**未来**…本時の学習を予想させることにより，前時の学びとのつながりを意識しながら学習を進めることができます。

⑥**回顧**…前時に記した振り返りを確認させることにより，これまでの学びを想起させ，学習意欲を高めることができます。

　これらの確認発問は全教科・全時間で活用できるものです。確認発問をルーティン化し，子どもの学びスイッチとして活用していきましょう。

CHAPTER 2　図解で詳しくわかる　先生1年目からずっと使える授業スキル

発問のスキル

起の段階

03 子どもの学習参加意欲を高める全員参加発問

発問のスキル（全員参加発問）

だれでも　簡単に　すぐに　できる

事実	視覚	比較	数量	時間
・題名は？ ・登場人物は？ ・何文字？ ・書かれている数字は？ ・筆者は？ ・どこ？	・何が見える？ ・何色？ ・形は？ ・この道具は？ ・これは何？ ・真ん中には？	・増えている？ ・減っている？ ・違いは？ ・一番大きいのは？ ・一番小さいのは？ ・どの言葉が違う？	・いくつある？ ・都道府県は47？ ・俳句は5・7・5？ ・何匹のネコがいる？ ・全部で？ ・何ページ？	・いつ ・この前は？ ・この後は？ ・季節は？ ・何年？ ・期間は？

全員参加発問とは

　全員参加発問とは，授業の参加度を高める発問のことです。発問は，易しいものから難しいものまで段階的に進むため，すべての子どもが学びに参加しやすい雰囲気ができます。全員参加発問は「だれでも」「簡単に」「すぐに」「できる」の４原則をおさえることでつくることができます。

全員参加発問５つの視点

　全員参加発問をつくるときには，以下５つの視点をもつとよいです。

①**事実**…「題名は？」「筆者は？」といった誰でも答えられる質問をすることで，全員参加につながります。

②**視覚**…資料や実物を活用することで，「何が見える？」「何色？」といった質問をすることができます。

③**比較**…課題や資料を比較することで，「増えている？　減っている？」「どの言葉が違う？」といった質問をすることができます。

④**数量**…「いくつある？」といった質問のように，数値を入れることにより，子どもたちは答えやすくなります。

⑤**時間**…「いつ？」「以前は？」というように，時間に着目することにより，中心発問への思考準備をすることができます。

クローズドクエスチョン

　クローズドクエスチョンもおすすめです。クローズドクエスチョンとは，「はい」か「いいえ」で答えられる質問のことです。「都道府県は47個？」「8×5＝40？」のようなクローズドクエスチョンで発問することによって，子どもたちも答えやすくなります。

発問のスキル

起の段階

04 子どもが本時の学びを自分事とする中心発問

発問のスキル（中心発問）

選択	理由	仮定
どちらが？ どれが？	なぜ〜だろうか？	もし〜だったら？
疑惑	立場	最良
本当に？	○○の立場から見たら？	一番は？

032

中心発問とは

　中心発問とは，本時の目標と直接的に関わってくる発問のことです。確認発問や全員参加発問により，学習意欲が高まったところで中心発問を投げかけ，学びを自分事として捉えさせることが大切です。

中心発問の種類

　中心発問に必要なのは，（1）学習内容の目標に準拠していること（2）子ども自身が「学びたい！」と感じることの2つです。教師が，「ごんの気持ちを考えよう」と言うだけでは，子どもの学びは深まりません。

　そこで，6つの視点を活用することが考えられます。

①**選択**…「ごんは，よいきつね？　悪いきつね？」のように問うことで，子どもは自分の考えを説明しようと文章を読み込んでいきます。

②**理由**…「（〜なのに）なぜ？」のように問うことで，既習事項に着目しながら新たな問いへの知的好奇心を高めることができます。

③**仮定**…「もし7段落目がなかったら？」のように仮定することで，段落の役割や効果を考えることができます。

④**疑惑**…「本当に分数の引き算は足し算と同じようにできるのだろうか？」のように問うことで，わかりきった課題であっても教師を説得しようと根拠を明確にして学習に取り組むことができます。

⑤**立場**…「○○の立場から見たら？」のように問うことで，説明すべき対象と内容がわかりやすくなります。

⑥**最良**…「特にごんの気持ちがわかる一文は？」のように問うことで，子どもたちは一番の理由を探そうと意欲的に活動していきます。

　このように，中心発問は本時の目標を達成するための思考を深める発問として機能します。

発問のスキル

発問のスキル

承の段階

05 本時の学びを見通す
見通し発問

発問のスキル （見通し発問）

可能性	見方・考え方 （ツール）	答え
できそう？	何を使う？	答えは…
相違	手順	手段
前時と違うところは？	どういう順番でする？	どれでする？

見通し発問

承の段階では学習意欲を持続するための「見通し」をもたせることが大切です。見通しをもつことができれば，子どもたちは自ら課題に立ち向かい，問題を解決することができます。そのために活用できるのが，「見通し発問」です。

見通し発問の種類

見通し発問は，6つの視点で活用します。

①**可能性**…「できそう？」と可能性を直接的に聞き，まずは子どもたちの課題への理解度を確認することができます。このとき，「できない」と答えづらい子どももいますので，子どもの表情や声のトーンなどから理解度を探り，個別指導に移行しましょう。

②**見方・考え方（ツール）**…算数を例にすると，図で考えるのか，分数を小数に変えるのかといった各教科の特質に応じた見方・考え方を問います。

③**答え**…答えを直接的に尋ねる発問をすることで，答えが出せる子どもにとっては，答えを導いた過程を示すことが求められます。答えの見通しがもてなかった子どもでも，答えを聞くことによって課題の全体像を見通すことができます。

④**相違**…「前時と違うところは？」と発問することにより，前時の学習内容の相違点を意識し，課題を焦点化し，学びを展開することができます。

⑤**手順**…学習の順序を選ばせることによって，自己決定感が高まり，自力解決へ前のめりになります。

⑥**手段**…資料や具体物を活用することにより，課題解決への見通しをもつことができます。手段を選ばせることで，子どもたちは学びを自分事として捉えることができます。

CHAPTER 2　図解で詳しくわかる　先生1年目からずっと使える授業スキル　**035**

発問のスキル

結の段階

 06 本時の学びを振り返る
振り返り発問

発問のスキル （振り返り発問）

達成	構想	友達
できたことは？	してみたいことは？	友達の考えは？
疑問	大切	変容
不思議に思ったことは？	大切なところは？	変わったことは？

振り返り発問とは

振り返り発問とは，本時の自分の学びの成果を振り返り，「できた」「わかった」ことを明確にし，次時への期待をもたせる発問です。振り返りにより，自己の学習の充実が得られ，学びの連続性を感じることができます。

振り返りの視点を提示する

「子どもが振り返りを書くことができない」といった声をよく聞きますが，それまでの学びに合わせて振り返りの視点を明確にすることが肝要です。

①**達成**…できたことを振り返らせることで，学習内容の定着を図ります。

②**構想**…これからしてみたいことを尋ねることで，ゴールを意識しながら本時の学習内容を振り返ることができます。

③**友達**…協働的な学びへの取り組みを想起させることで，自分の学びが広がったことを実感し，友達と学習する良さを感じることができます。

④**疑問**…不思議に思ったことを振り返らせることで，学びにおける子どもの興味関心を探ることができます。次時の導入で，不思議に思った内容から授業を展開していくと，子どもの思考に添った学びを展開できます。

⑤**大切**…本時の学習で子どもたちが大切だと感じたことを問うことで，既存の価値観と照らし合わせながら要点を掴ませることができます。

⑥**変容**…学習前と変わったことを尋ねることで，学習を通した成長を実感することができます。

このような視点を子どもたちに提示することにより，一単位時間の学びをメタ認知し，多面的多角的な振り返りを行うことができます。文字数や時間を指定して取り組むことで，振り返りはさらに充実していきます。

ペア対話のスキル

概要

07 ペア対話のメリット × 成功ポイント

ペア対話のメリット

即時	個別	参加

時間	責任	柔軟

成功ポイント

① 何のために話し合うかが明確
② 時間を短く区切る
③ フィードバックと共有を行う

ペア対話のメリット

「ペア対話」には，立ち歩きやグループ学習とは違った以下のようなメリットがあります。
・「即時」フィードバックが得られる。
・ペアによる「個別」のフィードバックやサポートを受けやすくなる。
・学習への「参加」度を高めることができる。
・「時間」をかけず活動することができる。
・学習への主体性が高まり，自律と「責任」が生まれる。
・教師が学習目標や学習状況に合わせて「柔軟」に組み込むことができる。

これらのメリットを最大限生かすことができるようなペア対話を，授業の中で仕組んでいきます。

ペア対話では，目的を明確にする

教師が，「それでは，話し合ってください」というだけでは，子どもたちは話し合うことはできません。なぜなら，子どもたちにとっては「何を話すのか？」「何のために話すのか？」が不明確だからです。そこで，「何を」「何のために」話すのかを明確に伝え，ペア同士で内容と目的を共有し合うことが大切です。

また，時間を短く区切ることは重要です。「30秒で隣の人の考えを聞いてください」と教師が指示することによって，子どもたちは集中して活動に取り組むことができます。

ペア対話を実践した後は，確実なフィードバックをしていきます。やりっぱなしではなく，対話の様子や，対話から得られた達成感をクラス全体に肯定的に共有することで，ペア対話に前向きに取り組む空気が生まれ，さらに活性化していきます。

CHAPTER 2 　図解で詳しくわかる　先生1年目からずっと使える授業スキル　039

ペア対話のスキル

起・承の段階

08 「訊く」をベースとしたペア対話

ペア対話 (起・承の段階)

「訊く」

前回は何したんだっけ？　　前回はおじいさんの気持ちについて考えたよ

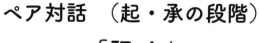

段階	起の段階	承の段階
目的	確認	選択
手法	 ノートや振り返り・教科書から	 具体物や見方・考え方から

起・承の段階では「訊く」をベースにする

　起・承の段階では，「訊く」ことから始めます。なぜなら，起の段階は授業への参加度を高めていく段階だからです。「前回の学習では何をしたか，隣の人に訊いてみてごらん」と教師が指示することにより，覚えていなかった子ども同士でも一緒に授業内容を振り返り，学びのスイッチを入れることができます。

起の段階で確認すること

　子どもたちは教師の一方的な説明を聞くよりも，自分の言葉で友達と表現することに学びの楽しさを感じます。

　起の段階では，学習内容を確認することが主になります。学習内容の確認は，ノートの振り返りを見れば容易に行えます。そのため，全員に「前時の学びを確認できた！」という気持ちをもたせることができます。

承の段階では考えの見通しをもたせる

　承の段階では，自力解決へと向かう場面への安心材料を蓄えるためにペア対話を活用します。教師がいきなり「それでは，始めてください」と指示するよりも，「隣の人は，『図・ブロック・文章・線分図』どれでするか訊いてみて」と声をかけるほうが，子どもたちは安心感をもって自力解決へと向かうことができます。

　教材研究の段階で，教師があらかじめ，どのような見方・考え方を活用することができるかを把握し，子どもたちと共有し選択させる，といったプロセスを踏むことで，自力解決への見通しをもたせるための対話も充実したものになります。

ペア対話のスキル

CHAPTER 2　図解で詳しくわかる　先生 1 年目からずっと使える授業スキル　**041**

ペア対話のスキル

転の段階

09 「聴く」視点を明確にする

ペア対話 （転の段階）

予想	共通	再現
隣の人はどう思っているか予想してみて	隣の人と同じところを教えて	隣の人の考えを発表して
批判	付加	要約
隣の人の考えに反対して	隣の人と違った考えを教えて	隣の人の話を短くまとめて

042

転の段階におけるペア対話とは

　転の段階は，自力解決により自分の考えをもち，友達と考えを練り上げる場面です。ただし，「自分の考えを友達に話してください」という指示だけでは，対話ではなく一方通行の説明になってしまいます。聞き手に話を聴く視点を明示することが必要です。

ペア対話の視点

　練り上げをねらいとするペア対話において，6つの視点が広く活用できます。

①**予想**…ペアの意見を予想しておくことで，ペア対話への意欲が高まります。

②**共通**…ペアの意見を自分の意見と擦り合わせながら対話することで，共通する考えから自身の意見を強固にし，納得解のある「まとめ」へとつなげることができます。

③**再現**…ペアの意見を確認します。自分の考えに自信がもてていなかったり，子どもたち同士の学びの深化に差があったりする場面で効果的に活用できます。

④**批判**…あえてペアの考えに反対することで，多面的・多角的な視点をもちながら対話することができます。

⑤**付加**…隣の人の考えに付け足したり，新たな視点を加えたりすることで，拡散的思考を活用しながら対話できます。

⑥**要約**…ペアの意見を短くまとめるために，注意深く話を聞こうとします。また，ペアの意見にタイトルをつけさせることで，意見を整理しながら対話することにもつながります。

　これらの視点を活用しながら，授業の流れや子どもの実態に合わせて実践していくことが大切です。

指示のスキル

概要

10 雰囲気づくり × ルールづくり
＝指示が通りやすい風土醸成

指示の技術 （概要）

指示…子どもに行動，活動，作業などを
要請してやらせること

石井英真『授業づくりの深め方』（ミネルヴァ書房）より

雰囲気づくり

集中空間

ルールづくり

質問は最後

参考文献：石井英真　著『授業づくりの深め方　「よい授業」をデザインするための5つのツボ』（ミネルヴァ書房，2020）
　　　　　向山洋一　著『新版　授業の腕を上げる法則』（学芸みらい社，2015）

指示を最大限に生かすために

京都大学の石井英真氏は，指示とは「子どもに行動，活動，作業などを要請してやらせること」だと述べています（『授業づくりの深め方』より）。

指示の効果を最大限に生かすためには，雰囲気づくりと，ルールづくりが大切になっています。

雰囲気づくり

指示においては，子どもの注意を引きつける必要があります。そのために大切なことが，場づくりです。すなわち「集中できる空間になるまで指示を出さない」ということです。

子どもが落ち着かない状態で指示を出してしまうと「騒いでいても問題ない」という悪い意識づけにつながってしまいます。

ルールづくり

ルールづくりとは，「質問は最後」ということを日常から意識づけておくということです。教師が指示している途中に遮って質問をされると，思わず回答してしまいそうになりますが，そこはグッと我慢しましょう。「質問は最後だったよね」と確認をすることで，しっかりと話を聞いてから質問する習慣が形成されます。

話を遮った質問に回答してしまうと，「話している途中に質問してもいい」という悪い意識づけにつながってしまいます。

このように，指示の効果を最大限に生かすためには，日頃の雰囲気づくりとルールづくりが大切になってきます。

指示のスキル

承の段階

11 学習進行表で指示を視覚化する

指示の技術 （承の段階）

学習進行表
（見通し）

指示を可視化！
子どもたちも
安心

---

01 主な学習内容

か…課題
見…見通し
め…めあて
ま…まとめ

学習活動を短冊にしておくことで
学習内容を一般化することができます！

02 学習の成果を発揮する場

ワ…ワークシート
教…教科書
タ…タブレット
ホ…ホワイトボード

「先生どこにやるんですか？」
という質問がなくなります
教師も落ち着いて指示を出すことができます

03 学習形態

きき合う
交流する
深める（つくる）
広げる（出し合う）
グ…グループ

さまざまな学習形態があります
きき合う，交流する，深める（つくる），
広げる（出し合う）

承の段階における指示

承の段階は，見通しをもって自力解決する場面です。個別の活動になるがゆえに，指示が通るということが最も大切になります。教師の指示がわからなかったら，その後の学習展開につまずいてしまいます。

視覚化指示

箇条書きで行動を示しておきます。「何を」「誰と」「どうすればよいのか」ということです。これは，視覚優位の子どもたちに特に有効な手段です。私は，学習進行表を示しながら指示を出しています。学習進行表には「主な学習内容」「学習の成果を発揮する場」「学習形態」を記してあります。指示を聞き逃してしまった，作業の内容を忘れてしまったという子どもたちでも，学習進行表を確認することで安心して動き出すことができます。

対話活動の前に，「調べる」「深める」「確かめる」の３つから適したものを子どもたちに選ばせると，活動の目的が明確になります。司会者には，目的ごとに作成した進行表を渡しておくとよいでしょう。

動詞確認

「でも，学習進行表を毎時間示すのは難しい」という困り事には，「動詞確認」が効果的です。

例えば，「教科書を読んだら，ノートに自分の考えを書いて，友達と交流しましょう」といった指示を出したいときに，細かくすべてを伝えようとするとわかりにくくなってしまいます。この場合は，「①読む　②書く　③伝える」などのように動詞で伝えることで，子どもたちは自分がするべき動きを確認しやすくなります。

子どもを動かすスキル

概要

12 子どもの動かし［型］
＝発問型 × 動き

子どもを動かすスキル

子どもの動かし［型］

発問型

確認型 ✓
・〜できた人は
・〜を見つけた人は

選択型 👆
・〜だと思う人は
・Bが間違いだと思う人は

希望型 🍀
・〜したい人は
・〜できそうな人は

動き

立つ/座る/友達に訊く/ハンドサイン/大きく手でマルバツをつくる/移動する/つぶやく/書く/指を差す/伝える/指挙げ（1・2・3）

参考文献：阿部真也 著『子どものやる気は「動き」で引き出す』（東洋館出版社，2022）

子どもを動かすスキルのメリット

　教師の話を座って聞くよりも，動きがあるほうが子どもたちは楽しく学べ，学習効果も高まります。他にも，以下のようなメリットがあります。

・子どもたちが活動に参加する様子を観察することで，彼らの進捗状況をより具体的に把握できる。
・子どもが自身の「できた」を明確に表現できるため，達成感をもてる。
・つまずきのある課題を把握し，適切な個別支援や全体へのフィードバックにつなげることができる。
・体を動かすことで，じっとしていることへのストレスが軽減され，学習へのモチベーション低下を防ぐことができる。

　これらの点を意識しながら子どもを動かすスキルを活用していきます。

子どもの動かし［型］

　子どもを動かすといっても，どのように，どの程度動かせばよいのか迷うことがあるかもしれません。動きには，立つ・座る・友達に訊く・ハンドサイン・大きく手で〇×をつくる・移動する・つぶやく・書く・指を差す・伝える・指挙げ（１・２・３）などがあります。

　これらの動きを，質問と組み合わせることによって効果が発揮されます。質問はそれぞれ，

　「確認型」…～できた人は 動き 　　～を見つけた人は 動き
　「選択型」…～だと思う人は 動き 　・Ｂが間違いだと思う人は 動き
　「希望型」…～したい人は 動き 　　～できそうな人は 動き

といった３つの型に分類することができます。

CHAPTER 2　図解で詳しくわかる　先生１年目からずっと使える授業スキル　**049**

子どもを動かすスキル

起の段階

13 「想起・未来予想 × 隊形 × 動き」で多様な活動に

子どもを動かすスキル（起の段階）

想起型 ・前回学習したことは？	隊形 ・全体で ・ペアで ・1人で	動き ・つぶやく ・挙手/尋ねる ・立つ→座る ・書かせる
未来予想型 ・今日することは？		

前回学習したことをペアに尋ねて

教科書何ページを勉強すると思う？

今日は何がしたいかペアに伝えましょう

隣の人に今日何をするか訊いてみて

前回のまとめを3回つぶやいたら座りましょう

今日何をするかをつぶやいたら座りましょう

起の段階で子どもを動かすスキルを活用するメリット

　起の段階でこのスキルを活用することには，２つのメリットがあります。
・教師が前時の学びの理解度を見取ることができる。
・子どもが前時の学びを振り返ることができる。
　これらの点を意識しながら活用していきましょう。

２つの発問型と動きを組み合わせる

　まず，発問を以下の「想起型」と「未来予想型」に分類します。

> 　想起型　　　：「前回学習したことは？」
> 　未来予測型：「今日することは？」

　これに隊型と動きを組み合わせます。隊形は，「全体」「ペア」「個人」などを活動の内容によって選択します。
　起の段階で教師から尋ねることは「想起型」と「未来予想型」の２パターンに限られるものの，隊形と動きをそれぞれ組み合わせることで，バリエーション豊かな導入とすることができます。

心の余裕にもつながる

　「導入がうまくいくかな」と不安なときや，休み時間の生徒指導で「授業開始の準備が間に合わなかった！」といったときにも安心して活用することができます。ルーティンとして定着させることで，子どもたちも日々の授業の見通しをもちやすく，安心して学習に取り組むことができます。

子どもを動かすスキル

CHAPTER 2　図解で詳しくわかる　先生１年目からずっと使える授業スキル　051

子どもを動かすスキル

承の段階

 14 子どもを動かして，「すること」を焦点化

子どもを動かすスキル（承の段階）

 ×

「それでは始めてください」 ▶ 「何をどうすればいいんだろ…」

 ○

「立ってください 解決方法を選んだら座って調べてください」 ▶ 「ブロックを使って考えてみよう」

承の段階における子どもを動かすスキル

　承の段階は，自力解決へと向かっていく場面です。そのようなときに子どもを動かすことのメリットとしては，
・自力解決への見通しが立てられる。
・自力解決への意欲が高まる。
・友達の学習状況を見ることができる。
・教師が個に応じた支援をするための手立てとなる。
といった点が挙げられます。

動きから入る

　学習内容にフォーカスして，教材や課題の魅力で子どもの意欲を引き出し，自力解決へと向かわせるという形は理想です。しかし，実際の現場における日々の授業では再現性が低いというのも事実です。

　そこで，動きを取り入れます。例えば「それでは，始めてください」という教師の指示では動き出すことができない子どもがいます。そこで，「立ってください。解決方法が決まったら，座って調べ始めてください」などの指示を出すことによって，子どもたちは，「解決方法を決める」ことが最優先事項になります。他にも，「書き始められそうだったら，座って始めてください」などの指示が考えられます。

　このような指示を出すことで，子どもたち自身で解決する課題を焦点化し，自分がすべきことを理解することができます。

　立つ以外には指差しも効果的です。「今から自分がやりたい解決方法を指差しで選びましょう。せーの！」というように，ゲーム感覚で進めて自力解決への意欲づけにすることもスキルの１つといえます。

CHAPTER 2　図解で詳しくわかる　先生１年目からずっと使える授業スキル　053

> 子どもを動かすスキル

結の段階

15 「わかった！できた！」を動きで実感

子どもを動かすスキル（結の段階）

立ってつぶやく

学びのつながりや自分の成長	回数	動き
本時の学びでわかったことを	3回	つぶやく / 座る
次の時間にもっと知りたいことを		
本時の学びで「なるほど」と思ったところを		
次の時間に友達としてみたいことを		

本時の学びでわかったことを3回つぶやいたら座ってください

学びの成果をアウトプットで定着

わかった！　もっと知りたい！　なるほど！　友達と！

結の段階における子どもを動かすスキル

結の段階は，子どもたちが自分と学習内容とを結びつけ，学びの定着を図ったり，次時への期待をもったりする場面です。これらのねらいを動きで達成します。なんとなく全体のまとめを書いて授業を終えるのではなく，動きで学びを表現することで，学びの達成感を感じられるようにします。

立ってつぶやく

結の段階で子どもを動かすスキルとして活用するのにおすすめなのは，つぶやくことです。これは，発表と違って全員から注目を浴びるといったプレッシャーはありません。

「本時の学びで分かったことを３回つぶやいたら座ってください」

「次の時間にもっと知りたいことをつぶやいたら座ってください」

「本時の学びで大切だなと思ったところを言ったら座ってください」

「本時の学びで「なるほど」と思った意見をつぶやいたら座ってください」

このように，振り返りの視点と組み合わせて立つ→つぶやくというプロセスを辿ることで，自分の思いや考えを表出して学びを終えることができます。

時間調整にも

「想定よりも授業が速く進んでしまった」「授業の定着が心配」という場合には，「３人の振り返りを訊いたら座りましょう」などのように，「訊く」という動きに立ち歩きを組み合わせます。答えることは難しいと感じる子どもも，「訊く」ことならハードルが下がります。

このように，時間調整と定着の両面でも動きを活用することができます。

CHAPTER 2　図解で詳しくわかる　先生１年目からずっと使える授業スキル　**055**

教師の演技力

概要

16 「役者」「芸者」になって授業を活性化させる

教師の演技力 （概要）
「教師は五者たれ」

医者　　学者　　易者　　役者　　芸者

教師が楽しむ

子どもも楽しい

興味を惹く
考えをゆさぶる
挑戦心を高める
活気づける
寄り添う

教師は役者・芸者！

教師が表情・声色豊かに演技することによって，子どもたちも教師と学習することが楽しくなります。

「教師は五者たれ」という言葉を聞いたことがありますか？　五者とは「医者」「学者」「易者」「役者」「芸者」です。

授業においては，特に「役者」「芸者」の役割が教師には求められます。

教師の演技力メリット

教師が演技を取り入れることには，様々なメリットが挙げられます。
・教材への興味を惹くことができる。
・子どもの考えをゆさぶることができる。
・挑戦心を高め，課題に立ち向かわせることができる。
・クラスの雰囲気を活気づけることができる。
・子どもの感情に寄り添うことができる。

教師が「演技をする」ということは，子どもたちの立場から見ても効果のある手段と言えます。

子どもたちと楽しむ

教師が真面目一辺倒な表情で授業をしていると，子どもたちは不安になります。教師が演技をするということは，子どもの感情に寄り添うということなのです。その行為自体が子どもたちにとっては嬉しく，日々の学びに向かう意欲につながり，教師との信頼関係を強くするのではないでしょうか。

私は，授業は教師が楽しむからこそ子どもも楽しくなるのではないかと考えています。演技を授業に取り入れ，子どもとのやりとりを楽しみましょう。

CHAPTER 2　図解で詳しくわかる　先生１年目からずっと使える授業スキル　**057**

> 教師の演技力

起の段階

17 子どもの学びをドラマティックにする

教師の演技力 （起の段階）

間違える	困る	あおる
2桁同士のかけ算も2桁×1桁と同じだから	物語の順番がわからなくなってしまった…	この課題はみんなには早すぎるかも…
言い切る	あきらめる	迷う
これで水害はなくなったよね！	やっぱり二等辺三角形はつくれないよね	どちらの解き方がよいのだろうか

参考文献：三好真史 著『教師の言葉かけ大全』（東洋館出版社，2020）

起の段階で取り入れるメリット

　起の段階で教師の演技を取り入れるメリットとしては，子どもの教材への興味を惹き，学習のモチベーションを高めることができる点が挙げられます。また，導入で演技を取り入れることによって，教師自身も子どもたちと一緒に考えているという姿勢を示し，学びの伴走者として活動できます。

教師の演技手法

①**間違える**…教師がわざと間違えることで，子どもたちの目は輝きます。教師の間違いを正そうと，子どもたちは意欲的に学びに取り組み始めます。

②**困る**…教師が困ることで，子どもたちの「助けたい！」という強い気持ちを引き出すことができます。

③**あおる**…今まで達成できなかったことを投げかけたり，教師が挑戦心をあおる言葉かけをしたりすることで，学びに取り組む意欲を引き出すことができます。

④**言い切る**…強気な姿勢で教師が意見を言います。子どもたちから「だって」を引き出させます。その「だって」から，学びへと向かい始めます。

⑤**あきらめる**…教師があきらめる仕草を見せることで，「ぼくたちならできるよ！」という気持ちを引き出し，学びに向かわせることができます。

⑥**迷う**…解法や考えを示した後に，教師が立ち止まり，悩むことで，学びを演繹的に考えさせることができます。

　このような手法を使って教師が演技することで，子どもたちは高い意欲をもって学習に取り組むことができます。また，教師と一緒に考えるという学級の一体感を生むことにもつながります。

CHAPTER 2　図解で詳しくわかる　先生1年目からずっと使える授業スキル　**059**

教師の演技力

承の段階

18 子どもの自力解決を促進する

教師の演技力 （承の段階）

つぶやく

自力解決！

すごいなぁ
なるほどなぁ

疑う

解き終わった！
簡単♪簡単♪

先生は違うと
思うけどな

先生を
納得させるぞ

承の段階で取り入れるメリット

　承の段階で教師が演技を取り入れることで，子どもたちは安心して学びに向かうことができます。また，自力解決を終え，自分の答えに自信をもっており，退屈にしている子どもへ学習意欲をもたせることもできます。

つぶやく

　子どもが自力解決に取り組んでいるときに，
「なるほどなぁ」
「やっぱりすごいな」
「これだったら先生はいらないかもしれないなぁ」
「今までの３年生では，誰も解けなかったんだけどな」
というように，「納得」や「驚き」の言葉をつぶやきます。直接，特定の子どもに伝えるのではなく，教室全体に聞こえるようにつぶやくことで，受容的な雰囲気を広げることができます。

疑う

　自力解決を終えて学習が完了したと感じ，暇をもてあましている子どもには，「疑う」ことが有効です。
「先生は違うと思うけどな」
「そのやり方が一番いいのかな？」
　このように，「疑う」演技をすることにより，子どもは教師を納得させようとさらに学びを深めていきます。

教師の演技力

CHAPTER 2　図解で詳しくわかる　先生１年目からずっと使える授業スキル　061

問い返しスキル

概要

19 「広げる！」「深める！」問い返し

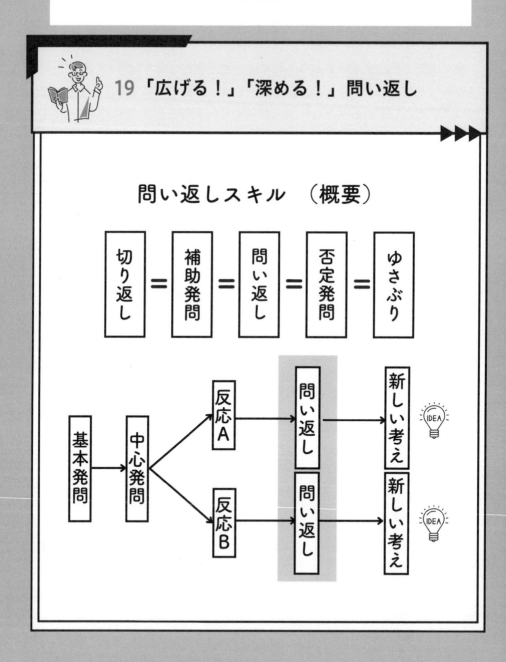

問い返しとは

「問い返し」は，同じような意味で補助発問やゆさぶり，切り返しとも言われています。ここでは，「問い返し」という言葉に統一していきます。

中心発問と基本発問だけでは学びは深まらず，平坦な授業となってしまいます。そこで，中心発問に対する「問い返し」を準備します。授業場面で問い返すことによって，子どもの考えを広げたり深めたりすることができます。

問い返しには2種類

問い返しには，大きく次の2種類があります。

> 広げる問い返し
> 深める問い返し

広げる問い返しでは，1人の発表者の考えについて，教師が「Aさんの言ったことを短く言える人？」と問い返すことで，子どもの発言をつなげることができます。汎用性が高く，様々な場面で活用することができます。

深める問い返しは，教科のねらいへと迫る役割があります。「いつでも／どこでも／だれでも言える？」というように，子どもの思考をゆさぶりながら，納得感のある学びを追究することができます。

問い返しが教師の醍醐味

問い返し＝授業力といってもよいほど，上手な先生は意図的に，子どもの実態や状況に応じて，本時のねらいに迫る問い返しをしています。子どもとのやりとりを通して，学びを深めていきましょう。

CHAPTER 2 図解で詳しくわかる 先生1年目からずっと使える授業スキル

問い返しスキル

転の段階

20 「発表者対教師」から，「発表者対子どもたち」へ

問い返しスキル（転の段階）

「ごんはよいきつねだと思います。どうしてかと言うと…」 → 「Aさんが言ったことが言える人？」 → 「Aさんは，ごんはよいきつねと考えていました」

再現法	要約法	質問法	伝言法

Aさんが言ったことが言える人？	Aさんの意見を短く言える人？	Aさんに質問がある人？	Aさんの気持ちがわかる人？
代弁法	予測法	比較法	統合法
Aさんの発言の大切なところを隣の人に伝えて	Aさんの話の続きが言える人？	Aさんの意見とBさんの意見の似ているところは？	Aさんの意見とBさんの意見は合体できないかな？

広げる問い返しのメリット

発表者の意見を広げる問い返しをすることには，以下のようなメリットが挙げられます。

・友達の意見を大切にする態度を身に付けられる。
・学習の理解度を高めることができる。
・聞く力を高めることができる。
・発表者の自己有用感を高めることができる。
・子どもの意見から授業を展開することができる。

１人の意見を問い返しで広げていくことで，学びをつなげていきます。

全教科で使える「広げる問い返し」

発表者の意見を広げる問い返しには，８つの手法があります。

①**再現法**…発表者の意見を反復させる。
②**要約法**…発表者の意見を短くまとめさせる。
③**質問法**…発表者への質問を考えさせる。
④**伝言法**…発表者の心情を想像させる。
⑤**代弁法**…発表者の意図を考えさせる。
⑥**予測法**…発表者の発言の続きを予想させる。
⑦**比較法**…発表者同士の意見を比較し，相違点を明らかにさせる。
⑧**統合法**…発表者同士の意見を統合し，より良い意見を模索させる。

声の大きい子どもだけで授業が進むことは，聞き手側にとっては授業への参加意欲の低下につながります。上記のような問い返しをすることによって，発表者対教師の授業が，発表者対子どもたちになります。１年間「広げる問い返し」を意識することで，学級みんなで学びに取り組むことができる学習集団へと成長していきます。

問い返しスキル

CHAPTER 2　図解で詳しくわかる　先生１年目からずっと使える授業スキル　**065**

問い返しスキル

転の段階

21 問い返しで学びをさらに深める

問い返しスキル （転の段階）

「四角形を2つに分けて考えました」 → 「なぜAさんは2つに分けたのかな？」

共感

理由	置換	帰納的
なぜそう思ったのかな？	他の言葉で言い換えると？	つまり，まとめると？
価値	評価	多視点
本時の学びは，生かせそう？	この考えはめあてとどうつながるかな？	反対の立場で考えたら？

深める問い返しとは

「深める問い返し」とは，発表者の考えから，新たな視点や学びを引き出すことです。発表者の意見に対して教師が価値づけてまとめていくのではありません。「深める問い返し」をすることによって，発表者の意見を基盤として学級全体で学びを練り上げていくことができます。

深める問い返しで大切なのは，教師が明確な意図をもっていることです。単に教師が「どうして？」と詰問することが問い返しではありません。引き出したい考えや意見を教師が明確にもち，問い返しをしていきます。

共感をベースに問い返す

「深める問い返し」は，発表者の意見をベースにします。そこで，「なるほどなぁ。どうしてＡさんはこのように考えたのだろう」というように，教師が共感してから問い返すことにより，発表者の意見を大切にした問い返しにすることができます。

「深める問い返し」のポイント

教師の共感をベースにした問い返しには，6つの観点があります。

①**理由**…発表者の意見から課題の背景について考えさせる。

②**置換**…言葉や概念を言い換えさせることで理解を深める。

③**帰納的**…発表者の意見から学びをまとめる。

④**価値**…学びと実生活とのつながりを考えさせる。

⑤**評価**…めあてとの関連性を考えさせる。

⑥**多視点**…立場を変えることで別の視点から考える。

このようなポイントをおさえて「深める問い返し」を構成していきます。

問い返しスキル

CHAPTER 2　図解で詳しくわかる　先生1年目からずっと使える授業スキル　067

説明スキル

概要

22 学びの土台と補足を担う説明スキル

説明のスキル （概要）

説明の役割

学びの土台

↓

起の段階

学習内容の補足

↓

結の段階

説明型教師　　　子どもたち

参考文献：石井英真　著『授業づくりの深め方　「よい授業」をデザインするための5つのツボ』(ミネルヴァ書房，2020)

説明のスキルとは

　石井英真氏は，説明とは「未知の内容について子どもたちがすでに知っていることなどを手がかりにしながら，わかりやすく述べること」（『授業づくりの深め方』より）と述べています。このことから，説明の主体は教師であることがわかります。さらに，石井は説明について次の2つの機能を紹介しています。

　　1　子どもたちが新しい知識・技能を自ら獲得していくために，その前
　　　提をつくる
　　2　説明それ自体を目的とし，これによって子どもたちに新しい知識・
　　　技能を身につけさせる

　これらのことから，説明には，

---

①学習の理解度を整え，学びの「土台」をつくる（→「起」の段階）
②学習内容の理解について「補足」する（→「結」の段階）

といった効果があると考えられます。

説明型教師にならないように

　学習活動は学習者が主体でなければいけません。熱心に教材研究をして説明内容が充実したとしても，教師が話せば話すほど，子どもは受動的になってしまい，心は離れていきます。また，一方的な説明に頼った授業では，子どもたちが表面的な知識を得ることはできても，その知識を深く理解したり，既存の知識と結びつけたりすることはできません。

　説明は，子どもの学びを補助する役割をもつものと自覚しておくことで，学習者主体の授業展開を意識することができます。

CHAPTER 2　図解で詳しくわかる　先生1年目からずっと使える授業スキル　069

説明スキル

起の段階

23 理解度を揃え，安心できる学びにつなぐ

説明のスキル（起の段階）

理解度を揃える　　　　　安心して本時の学びへ

簡易	視覚	分析

「社会」は人々が集まってつくる大きなグループだよ	このグラフから読み取れることは…	子どもたちはドラえもんが好きだから
順序	提案	話題
① ② ③	💡	
今から3つのことについて話します	今から話すことを聞いておけば自力解決の大ヒントに！	地域の特産品を知っている？特産品とはね…

起の段階での説明スキル

前述の通り，起の段階においては，学習の理解度を整え，学びの「土台」をつくることを目的としています。

４年生社会科「自然災害から暮らしを守る」の学習において，「志布志市で一番多い自然災害は？」と尋ねると，子どもたちは「地震！　火山による噴火！　台風！」といった自然災害を予想しました。しかし，実際の自然災害で最も多かったのは「水害」です。

自分たちの地域で「水害」が多いということが信じられない様子でした。なぜなら，子どもたちにとっては水害＝津波という認識だったためです。

この時間では，本市の自然災害の中で水害が最も多い理由について地理的背景から探っていきます。しかし，「水害」の定義を知らなければ，学びの方向性にはズレが生じます。このズレを解消するために，水害について「説明」することが必要になりました。

このように，学びの土台を「説明」によってつくるということが，起の段階では非常に重要になってきます。

起の段階での説明スキルの６つの視点

起の段階における説明スキルについては，以下の６つの視点があります。

①**簡易**…子どもが理解できる簡単な言葉で説明する。

②**視覚**…スライドや映像資料を使って視覚的に説明する。

③**分析**…子どもの興味関心を分析する。

④**順序**…易から難の順番で説明していく。

⑤**提案**…説明を聞くメリットを提示する。

⑥**話題**…身近なテーマを元に解説する。

これらの説明スキルを使って子どもたちの理解度を揃えていきます。

CHAPTER 2　図解で詳しくわかる　先生１年目からずっと使える授業スキル　071

説明スキル

結の段階

24 学びを実感させ，つかみ取らせる

説明のスキル （結の段階）

活動あって学びなし → 「何のために・何をして・どうなった」

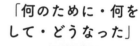

声量	反復	身振り
語りかける声で	説明内容を確認	ジェスチャーを使う
抑揚	戻る	予告
はっきり・ゆっくり	めあてのつながりは…	次の時間は…

結の段階での説明スキル

　前述の通り，結の段階では学習内容の理解を「補足する」ことを目的とした説明が必要になります。学習の定着を図るためには，単に授業で学んだ内容を区切るのではなく，授業の終わりにその内容をしっかりと振り返ることが必要です。

　「活動あって学びなし」と言われる状況があります。これは，子どもたちが活動後に「何のために・何をして・どうなった」といったことをおさえられていないために起こります。充実した学習活動を完結させるためには，教師の「説明のスキル」を用いた「まとめ」が必要不可欠です。

　授業の最後に本時の学びを振り返ることで，子どもたちは授業前から授業後の成長をより実感することができます。教師が授業の終末に学習内容を整理・確認することで，子どもの学びはさらに深まり，内容の定着につながります。

結の段階での説明スキルの６つの視点

　結の段階における説明スキルについては，６つの視点があります。

①**声量**…大きすぎず，小さすぎず，語りかけるような声で説明する。

②**反復**…説明した内容を最後に確認する。

③**身振り**…体を広げたり，グッドサインをしたりして，ジェスチャーで学びを振り返る。

④**抑揚**…重要な語句や内容のときはゆっくり，はっきり説明する。

⑤**戻る**…一単位時間の学習の流れをつなげる。

⑥**予告**…次時の見通しを説明し，学びの連続性を意識させる。

　結の段階では，このように授業内容を振り返りつつ説明を行うことで，学習を深めることが可能です。これにより，子どもたちの成長と学習の定着を加速させることができます。

励ますスキル

概要

25 子どもにも，教師視点でも，幅広い面で効果的

励ますスキル　概要

子どもへの効果		教師への効果	
自尊心の向上		励まし ↓ 気持ちが穏やかに ↓ 児童理解が充実	
ポジティブな行動の強化			
関係性の強化			
支持的風土の醸成			

子どもの成長を　願い　喜ぶ

全力で励ます

励ますスキル

「励ます」とは，行動，努力，成果を肯定的に評価し，その相手に対して承認や賞賛を表現することです。「励ます」ことには，以下のようなメリットがあります。

①**自尊心の向上**…励まされることで自分自身を肯定的に見ることができ，他の挑戦にも積極的に取り組むようになる。

②**ポジティブな行動の強化**…望ましい行動を価値づけることで，その行動が再び行われる可能性が高まる。

③**関係性の強化**…子どもの努力や成果を正確に励ますことは，その子にとって「先生は自分のことを見てくれている」という安心感につながる。

④**支持的風土の醸成**…励ます言葉かけが教室に浸透することで，クラス全体が温かい雰囲気になり，安心して学びに取り組むことができる。

また，励ます言葉を教師が使い続けることによって，教師自身の気持ちも穏やかになり，子どもたちの「良いところ」を見つける余裕が出てきます。

励ますポイント

励ますスキルを使うときに大切なことは，全力で励ますということです。これは，「大声で励ます」という意味ではありません。

子どもたちは感受性が強く，教師からの励ましを「不誠実なほめ言葉」と感じ取ってしまうことがあります。教師自身が，子どもたちの成長を心から願い，その成長を喜ぶことが重要です。そのような気持ちを前面に出し，子どもたちと共有することができれば，励ましのスキルの効果はさらに高まっていきます。

CHAPTER 2　図解で詳しくわかる　先生1年目からずっと使える授業スキル

励ますスキル

承の段階

26 励ます視点を明確にする

励ますスキル（承の段階）

「個」に応じて具体性を示して励ます

変化	Iメッセージ	史上初
昨日はここまでだったのに…	先生は…嬉しいな	この問題ができた人を初めて見ました
継続	未来予想	行動
今日もコツコツと取り組んでいますね	これで買い物上手だね	悩んでいる姿が素敵です

励ますスキルを効果的に活用しよう

励ますスキルは，自力解決に取り組んでいるときに「個」に応じて使い分けることができます。

教師が適切に見取ることで，一人ひとりに合った励ましの言葉をかけられるようにしていきます。励ましのポイントで大切なことは，「具体性」です。「すごいね」という一般的な表現よりも，「この解き方は今まで先生してきて初めて見たよ」というようなフィードバックが効果的です。

励ますスキル

励まし方がわからないというときは，以下の視点で言葉かけの内容を考えてみるとよいでしょう。

①**変化**…前時までの学習の様子と比較して励ますことによって，子どもたちは成長を実感できます。

②**Ｉ（アイ）メッセージ**…新しい考えをたくさん見つけようとする姿を見られて先生は嬉しいな。というように，教師の気持ちをベースに励ましていきます。

③**史上初**…子どもたちは教師が驚く姿を見るのが大好きです。そこで，驚きながら「史上初」という言葉を使うと，子どもは達成感を得ることができます。

④**継続**…ポジティブな行動をしたときだけではなく，「継続」している姿も前向きにフィードバックしていきます。

⑤**未来予想**…子どもたちの頑張りを未来につなげる声かけをすることによって，学んだことの意義を見つけ出すことができます。

⑥**行動**…頑張っている行動を価値づけることによって，子どもの学習意欲を持続させることができます。

引き返すスキル

概要

27 子どもの気持ちに寄り添って引き返す

引き返すスキル （概要）

「始めてください！」

「何をどうすればいいんだろ…」

再度説明する

引き返し言葉

3分の1以上取り組めていない

教師のマインド

どうして動き出さないのか？
何か理由があるのではないか？

引き返すスキル

　教師の発問や指示で動き出すことができない子どもたちはいませんか？ 3分の1以上の子どもたちがあてはまるようであれば，一度自力解決の時間を止め，改めて全員で学習内容を共有する必要があります。

　引き返すスキルは，自力解決を促した後に活用できるスキルです。

　「では，始めてください！」と言って時間を設けた後，再び教師のほうに顔を向けさせるのは勇気がいることです。言葉かけ次第では子どもたちの学習意欲を削いでしまい，教師への不信感につながりかねません。

　しかし，そのまま授業を続けたとしても，子どもたちは学びの進め方がわかっておらず，1時間の授業でモヤモヤがたまり，不完全燃焼になってしまいます。

　このようなとき，子どもに寄り添った「引き返し言葉」を使うことによって，教師側の事情を理解してもらいつつ，子どもたちに前向きな気持ちをもたせたまま授業を進めることができます。

引き返すスキルを使うときのマインド

　子どもは教師の指示を聞いて当たり前ではありません。教師が子どもの心情に寄り添い，「なぜ動き出さないのか？」「何か理由があるのではないか？」といった共感的な視点で子どもを観察する必要があります。

　本来，子どもは成長したくてたまらない存在なのです。子どもは新しいことを学び，新しい技能を習得することに喜びを感じます。教師が，子どもが本来もつ学びの意欲を理解することで，適切なタイミングで適切な引き返し言葉を使うことができます。

CHAPTER 2　図解で詳しくわかる　先生1年目からずっと使える授業スキル　**079**

> 引き返すスキル

承の段階

28 感情とメリットで前向きに引き返す

引き返すスキル（承の段階）

感情 ＋ メリット

感情	謝罪	利点	状態
前，見てくれたら嬉しいな	ごめん！ 言い忘れたことがあります！	これは知っておいたほうがいいよ！	みんなの様子を見て…
労い	分散	保証	驚き
すごく，意欲的に取り組んでいるのですが	22人の人が違った方向に…	書く時間は確保します	えっ！ちょっと待って

「引き返し言葉」を効果的に

　引き返し言葉を効果的に使うには，2つの要素を組み合わせることが大切です。それは，「感情」と「メリット」です。

　教師が感情を表出していると子どもに感じさせ，「私たちのことを考えてくれている」という気持ちを子どもたちにもたせることによって，気持ちを再度教師のほうに向けることができます。

　その次に，子どもたちにとってのメリットを提示します。子どもの気持ちを教師に向けることができたら，子どもが聞いて得をするような言葉かけをすることで，学習をうまく引き返すことができます。

引き返すスキル

　引き返し言葉は，以下8つの視点をもって活用することで，さらに効果的になります。

①**感情**…アイメッセージで教師自身の気持ちを伝えます。教師が自己開示することで，子どもたちも教師の気持ちに応えてくれます。

②**謝罪**…まずは，謝ることで子どもたちの気持ちを教師に向けます。

③**利点**…メリットから入ることで，子どもたちの興味を刺激します。

④**状態**…なぜ，再度教師のほうを向く必要があるのかを，学習状態の現状から伝えます。

⑤**労い**…取り組んでいる姿を肯定的に捉えることで，気持ちを向かせます。

⑥**分散**…具体的な数字を提示することで，引き返し言葉を自分事にさせます。

⑦**保証**…書く時間や自力で取り組む時間を確保すると約束することで，子どもたちは安心して再度教師のほうを向くことができます。

⑧**驚き**…教師が慌てている様子を伝えることで，子どもの注意を引くことができます。

やる気を引き出すスキル

概要

29 やる気は技術で引き出せる

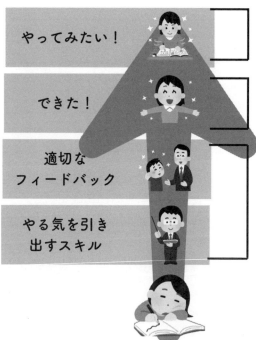

やる気を引き出すスキル（概要）

- やってみたい！ — 内発的動機づけ
- できた！ — 達成感 自己有用感
- 適切なフィードバック
- やる気を引き出すスキル — 外発的動機づけ

参考文献：鹿毛雅治 著『学習意欲の理論 動機づけの教育心理学』（金子書房，2013）

やる気を引き出すスキル

　子どものやる気を引き出すことは，教育者の永遠のテーマといってもよい
でしょう。子どもが学びを自分事として捉え，自走して学ぶことができれば，
主体的な学びにつながっていきます。

　やる気を引き出すためには，子どもの内発的動機づけを高めることが必要
になってきます。

　ここでは，教師の言葉かけによってやる気を引き出すスキルについて紹介
していきます。

外発的動機づけと内発的動機づけ

　外発的動機づけとは，外からの報酬や罰によって行動を起こすことです。
例えば，宿題を早く終わらせたら，アイスクリームがもらえる。このような
とき，子どもはアイスクリームをもらうために宿題を一生懸命頑張ります。
一方，内発的動機づけとは，自分自身の中から湧き出る欲求や興味によって
行動を起こすことです。例えば，絵を描くのが好きだから絵に没頭するとい
う状態です。ここでは，絵を描くこと自体が報酬となっています。

　外発的動機づけと内発的動機づけの関係性については，一般的に，内発的
動機づけのほうが長期的に持続しやすく，深い学びや創造性を引き出すのに
有効とされています。

　教師の言葉かけを使ってやる気を引き出し，「できた！」といった達成感
や有用感をもたせることで，少しずつ内発的動機づけに結びつけていくこと
ができます。

　この経験を繰り返すと，子どもたちは「自分の興味があるからやる」「自
分がやりたいからやる」といった内発的動機づけで学びを展開できる学習者
に成長していきます。

CHAPTER 2　図解で詳しくわかる　先生1年目からずっと使える授業スキル　083

やる気を引き出すスキル

承の段階

30 学びの「原動力」を引き出す

やる気を引き出すスキル（承の段階）

積み重ねる	時間を区切る	量を指定する	モデルを示す	確実にできる
昨日は，ここまでできたね！	3分でしてみよう！	ここまで解いてみよう！	まずはこの文章を写してみようか	まずは，鉛筆を持ちます！
選ばせる	共同する	問いかける	答えを教える	期待させる
AとBどっちの方法でしたい？	一緒に解いてもいい？	どうしたいの？	どうしてこの答えになったのかな？	これ，すごく簡単で楽しいんだけど

内発的動機づけにつながる10のスキル

　教師の言葉かけによって子どもに「やってみたい」「できそうだ」と感じさせることは，学びを展開していく原動力につながります。
やる気を引き出し，実行した後は，教師が「自分の力で，できたね！」といった，子どもが達成感をもてるような言葉かけをすることが内発的動機づけへとつながります。

　やる気を引き出すスキルには，以下10の手法が挙げられます。

①**積み重ねる**…できた経験を想起させることで，今回も学びに取り組めそうという気持ちを高めます。

②**時間を区切る**…時間を設定することで見通しをもつことができます。

③**量を指定する**…分量を指定することで目標が明確になります。

④**モデルを示す**…模倣から入ることで，「できそう」という気持ちを高めることができます。

⑤**確実にできる**…学びのハードルが低いところから取り組むことで，徐々にエンジンをかけていくことができます。

⑥**選ばせる**…手法を選択することで学ぶ意欲を高めます。

⑦**共同する**…教師も一緒に学んでいるという安心感をもつことができます。

⑧**問いかける**…自分自身を深く掘り下げていくことで，学びのエンジンをかける方法を探ります。

⑨**答えを教える**…教えられた答えから演繹的に考えることで，解き方について詳しく思考することができます。

⑩**期待させる**…子どもが「やってみたい」と思えるような言葉かけをすることで意欲を高めます。

　このような手法を実態に合わせて活用し，教師が適切なフィードバックを積み重ねていくことが重要です。

CHAPTER 2　図解で詳しくわかる　先生１年目からずっと使える授業スキル　085

反応するスキル

概要

31 個に応じた反応スキルを活用する

反応するスキル（概要）

反応するスキルのメリット

フィードバック	関係構築	雰囲気の向上
ポジティブ行動を即座に評価	親近感から関係性を構築・強化	クラス全体の雰囲気を明るくする

反応するスキル

　反応するスキルとは,「すごっ!」というように,教師が感情を短い言葉で表現するスキルです。子どもは,教師を驚かせることが大好きです。反応するスキルには,以下のようなメリットがあります。

①即時性の高いフィードバック…短い言葉と表情で子どもの状態を即座にフィードバックすることにより,子どものポジティブな行動を強化することができます。

②オープンマインドによる教師との関係構築…教師が感情を表出するようなリアクションをすることにより,子どもたちは教師に親近感をもち,関係性が強化されます。

③クラスの雰囲気の向上…ポジティブな教師の反応はクラス全体の雰囲気を明るくし,学習環境を楽しくします。子どもたちも気持ちを表現しながら授業に取り組むことができ,授業への参加意欲も高まります。

　このような反応するスキルのメリットを知っておくことで,より効果的に活用することができます。

反応スキルを活用するときは子どもの状態を把握しておく

　反応するスキルは,学習状況が速い子どもには学習を強化する効果があります。反対に,マイペースな子どもには,学習を補完する効果があります。

　誰に対しても,どのタイミングでも反応スキルを活用すればよいというわけではありません。中には,静かに集中したい子どももいます。また,内向的な子どもには慎重に活用したほうがよいです。

　子どもの学習状況と内面を正確に捉え,意図的に反応スキルを活用していく必要があります。適切なタイミングで,子どもたちの個性に応じた反応をしていきましょう。

反応するスキル

承・転の段階

32　子どもと授業を楽しむ「反応ことば」

反応するスキル　（承・転の段階）

自力解決時（承）　　全体指導（転）　　小さい「っ」を入れる

尊敬	疑い	認知	評価	困惑
すごっ！	うそっ！	さすがっ！	はやっ！	えっ!?
驚き	感動	興奮	期待	確認
やばっ！	わおっ！	なんとっ！	まさかっ！	ほんとっ！

反応ことばの使い方

　反応ことばの使い方として大切なのは，リアクション後に小さい「っ」を入れるイメージで反応することです。

　短いリアクションに小さい「っ」が入ることで，スピード感のある教師の素直な感情を伝えることができます。

机間指導時と自力解決後の全体指導で活用できる

　反応ことばは，自力解決の途中に使う場面と，自力解決後の全体指導で使う場面があります。自力解決（承の段階）の場面では，主に机間指導時に活用できます。机間指導時の反応ことばは，「自分は速く課題を終えることができた！」という子どもへのフィードバックとして，学びを加速させる効果があります。反応ことばを使うことで，フィードバックを受けた子どもだけでなく，周りの子どもたちの行動も強化することができます。

　自力解決後の全体指導（転の段階）では，教師の反応ことばにより，子どもたち全員と教師のリアクションを共有することができます。また，教師が意図的にリアクションをすることで，立ち止まって考えさせたり，子どもの考えをゆさぶったりすることができます。

　　　すごっ！（尊敬）　／　うそっ！（疑い）　／　さすがっ！（認知）
　　　はやっ！（評価）　／　えっ！（困惑）　／　やばっ！（驚き）
　　　わおっ！（感動）　／　なんとっ！（興奮）　／　まさかっ！（期待）
　　　ほんとっ！（確認）

　これらの反応ことばを教師が知っておくことで，子どもの学習状況や学習場面に応じて，適切に活用することができます。教師がリアクションを取ると授業も活性化してくるので，教師の演技力も深く関わってきます。教師自身が授業を楽しむことによって，反応ことばは効果を増していきます。

CHAPTER 2　図解で詳しくわかる　先生1年目からずっと使える授業スキル　**089**

ジェスチャーのスキル

概要

33 ジェスチャーで重要事項を共有する

ジェスチャーのスキル （概要）

ジェスチャーのスキルのメリット

理解の向上	注意力の維持	表現力の向上	多様性への対応

子ども「大事なところだ」

重要ポイント
ジェスチャーで共通理解

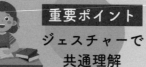

教師「伝えたいところだ」

090

ジェスチャーと説明を組み合わせよう

　みなさんは，説明をするときにジェスチャーを活用していますか？　意識していなければジェスチャーのスキルはなかなか身に付きません。

　教師がジェスチャーをするメリットには，以下の点があります。

①**理解の向上**…ジェスチャーは，言葉だけではなく身体的な動作も使って情報を伝えることができます。そのため，新しい内容や情報が印象に残りやすくなり，理解に役立ちます。

②**注意力の維持**…教師が口頭だけで話をすると，子どもたちの注意力は低下していきます。ジェスチャーがあることで，子どもたちも集中して話を聞くことができます。

③**子どもたちの表現力の向上**…教師がジェスチャーを取り入れると，子どもたちも言語活動やプレゼンの際に，ジェスチャーを使って説明することに意欲的になります。

④**多様性への対応**…教室には様々な個性をもつ子どもたちがいます。特に視覚優位の子どもたちは，ジェスチャーを組み合わせた説明によって学びが促進されます。また，国際的な環境や多文化クラスでは，ジェスチャーは共通言語として機能します。

ジェスチャーのポイント

　すべての説明をジェスチャーで表現する必要はありません。多すぎるジェスチャーは，逆に子どもたちの思考を混乱させてしまいます。授業において最大のポイントとなるところで，体や指を使って表現することにより，子どもたちも「ここは大切なのだな」と認識できるのです。

　意図的にジェスチャーを使って，説明の効果を高めていきましょう。

CHAPTER 2　図解で詳しくわかる　先生1年目からずっと使える授業スキル　091

> ジェスチャーのスキル

全段階

34 |時間| ジェスチャーを使う

ジェスチャーのスキル（全段階）

事前に…

今日は，このジェスチャーを授業で入れてみよう！

手を 広げる	両手で形を つくる	指を立てて 数える
範囲を示す	形を示す	順序や数を示す
手を上下に 動かす	手で線を引く	考え込む
比較や程度を示す	時間の流れやプロセスを示す	思考の深化を示す

ジェスチャーの視点

　その授業で活用するジェスチャーを意識することによって，ジェスチャーを自然と実践することができるようになります。

①手を広げる…説明する範囲を示します。また，体を大きく見せることで子どもたちに安心感を与える効果もあります。

②両手で形をつくる…物体や概念の形を示します。円や四角形を表現することで，説明している内容を焦点化することができます。

③指を立てて数える…順序や段階を示します。指示を出した後，確認するときにも使うことができます。

④手を上下に動かす…比較や程度を示します。「高い」「低い」や「重い」「軽い」を表現することができます。

⑤手で線を引く…時間の流れやプロセスを示します。物事の継続性を説明したいときに用いることができます。

⑥考え込む…思考の深化を示します。子どもの注意を引き，考えるべきポイントだと認識させることができます。また，説明のスピードを調整するときにも効果的です。

　これらのジェスチャーは汎用性が高く，あらゆる学習段階で活用することができます。日々の教師生活の中で継続して取り組んでいきましょう。

高まるジェスチャーの重要性

　「今日は，このジェスチャーをしてみよう」と目標を立てて1つずつ実践することが，教師力向上の大きな原動力となります。

　子どもたちに向かうときだけではなく，職員研修で大人に向かって話すときや，オンライン会議で話す場合にもジェスチャーは非常に有効です。グローバル化が進む昨今において，大切な表現力の1つです。

CHAPTER 2　図解で詳しくわかる　先生1年目からずっと使える授業スキル　093

子どもの注目を引きつけるスキル

概要

35　声を荒げずに引きつける

子どもの注目を引きつけるスキル（概要）

子どもの注目を引きつけるスキルのメリット

ポジティブな学習環境	学習意欲の向上	自己肯定感の向上	教師への信頼感

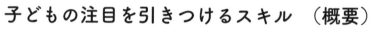

全校　学級　学年会

あらゆる場面で活用できる

どのように子どもを引きつける？

　教室が騒がしいとき，みなさんはどのようにして子どもの注目を引きつけていますか？
「静かにしなさい！」と教師が一喝することも，ときには必要です。しかし，通り一遍の指導では子どもたちの心は離れていってしまいます。また，教師が声を荒げた後では，子どもたちは意欲的に学習に取り組むことは難しいでしょう。そこで，ここでは子どもを楽しませながら注目を引きつけるためのスキルを紹介します。

　子どもの注目を引きつけるスキルには，以下のようなメリットがあります。

①**ポジティブな学習環境の促進**…教室をよりポジティブでエネルギッシュな
　　雰囲気にすることができます。

②**学習意欲の向上**…子どもが楽しみながら教師に注目することで，その後の
　　学習活動に積極的に取り組むことができます。

③**子どもの自己肯定感の向上**…子どもが教師に注目できたことを価値づける
　　ことで，子どもたちの「できた」を積み重ねることができます。

④**教師への信頼感を高める**…子どもたちは手法豊かな教師に興味を向けるよ
　　うになります。「先生が何か面白いことをしてくれる」という期待感につ
　　ながります。

子どもの注目を引きつけるスキルは全校児童にも

　校務分掌の役割で学年や全校児童の前に立って話をする機会があると思います。そのようなときは特に，子どもの注目を引きつけるスキルは有効です。

　大人数の指導のときも子どもの目線を確認し，語りかけるような声量で話しても聞こえるような空間を意図的につくり出すことが重要です。

CHAPTER 2　図解で詳しくわかる　先生 1 年目からずっと使える授業スキル　**095**

子どもの注目を引きつけるスキル

起・転の段階

36 「だれでも」「すぐに」「できる」を意識する

子どもの注目を引きつけるスキル （起・転の段階）

| 学習のスイッチを入れたい | 活動を止めたい | 雰囲気を変えたい |

微音	称賛	合図
 小声で話す	○○さんが静かにこちらを見ているね	ハンドサイン
問題	調子	感情
 今，指を何本出しましたか？	 3・2・1でこちらを見ます	えっ!?

起・転の段階で活用できる

　子どもの注目を引きつけるスキルには，「活動を止めさせる」効果があります。活用したいのは，主に２つのケースにおいてです。

　起の段階では，授業が始まっても落ち着かない様子や，集中力が足りていない様子が見られたときです。このようなとき，教師に一度注目を集めます。そうすることで，学習のスイッチが入りやすくなります。

　転の段階では，「学習にまだ取り組みたい」「自力解決で集中力が途切れてしまっている」といった子どもが混在しています。このようなとき，場の雰囲気を一変させるために子どもの注目を引きつけるスキルは有効です。

起・転の段階で子どもの注目を引きつける手法

　この段階で子どもの注目を引きつけるには，６つの手法があります。

①**微音**…教師が急に小声で話すことにより，子どもは何を話しているのだろうと気になります。これは，話を聞こうとする自然な動機づけになります。

②**称賛**…ポジティブな行動をしている子どもを称賛します。

③**合図**…グー→「お話をやめて体を向ける」というように，あらかじめハンドサインを定めておくことで，やるべきことを視覚的に理解できます。

④**問題**…「今，指を何本出したでしょう？」といった，教師の話を聞いていないと参加できない問題を出します。フラッシュカードも効果的です。

⑤**調子**…「３・２・１で，こちらを見ます」と手拍子をしながら言うなど，リズムを活用します。他にも，笑点のリズムも効果的です。教師が「タッタカタカタカ」と言ったら，子どもたちが「チャンチャン」のリズムで手拍子をするなど，クラスに定着していると注目を引きつけやすいです。

⑥**感情**…教師が驚きの声を上げることで，子どもたちの注意を引きつけます。教師の感情を伝えるような言葉を発することも有効です。

子どもの注目を引きつけるスキル

CHAPTER 2　図解で詳しくわかる　先生１年目からずっと使える授業スキル　097

導入スキル

概要

37 持続可能な導入スキルを手に入れる

導入スキル（概要）

導入スキルのメリット

学習意欲を	学びの方向性を	学びのつながりを	学習効果を
引き出す	明確にする	つくる	高める

学習効果（高い）

| 継続的に実践できない | 手の込んだ具体物 | 導入スキルメリット | 継続的に実践できる |
| | | 教師の説明のみの導入 | |

学習効果（低い）

導入スキルとは？

　授業づくりにおいて，難しさを感じるところはどこですか？　私が初任だった頃は，導入にこだわって授業づくりをしていました。

　導入スキルを活用して授業の質を高めることにより，以下の効果が期待できます。

①**学習意欲を引き出す**…導入部で子どもたちの興味関心を引き出すことにより，学習内容に対する好奇心を刺激し，積極的な学習を促すことができます。

②**学びの方向性を明確にする**…本時では何を学ぶのかを理解し，学習を方向づけることができます。学習の目的が明確にあることで，子どもたちが主体性をもって授業に臨むことにつながります。

③**学びのつながりをつくる**…学びの連続性を感じることにより，学習への期待感や充実感を感じることができます。

④**学習効果を高める**…導入が，その後の学習展開にどのように関連するかを理解することで，情報の吸収が促進され，理解が深まります。

導入をつくるときは最小で最大限の効果を

　導入は，授業の数だけ存在します。すべての授業において導入に凝りすぎていては，時間がいくらあっても足りません。導入スキルで大切なことは，「持続可能である」ということです。

　持続可能とは，「継続的に実践することができる」ということですが，それだけでなく「教育効果を高めることができる」という面との両輪を回していくことが重要です。

CHAPTER 2　図解で詳しくわかる　先生1年目からずっと使える授業スキル　　099

導入スキル

起の段階

 38 導入スキル＝「直感的×自分事」で考える

導入スキル （起の段階）

手法		具体例
固有名詞で関連性を引き出す	🍎	じゃがりこが120円です。浦元が5つ買ったら合計でいくらになりますか？
実際に活動させる		この方眼用紙を使って円柱をつくってみましょう！
No.1を選ばせる		一番かしこいと思ったたんぽぽのちえは？
資料の一部を隠す		このあと，棒グラフはどうなるでしょうか？
気持ちを問う		ごんのことは，好き？ ちょっと好き？ ちょっと嫌い？ 嫌い？
理由を尋ねる		国では病気が流行しているのに，どうして大仏をつくったの？

導入スキルのポイント

導入では，「なんでだろう？」「学習してみたい！」という気持ちをもたせることが大切です。そのための原則として，以下の２つの要素を満たしている必要があります。

　１．直感的に考えられる

　２．自分事として捉えられる

直感的に考えられるとは，子どもたちが思わずつぶやいてしまうような導入です。このとき，全員がつぶやきとして出せていなくても，頭の中で学習モードに切り替えられていることが大切です。

自分事として捉えられるとは，実際に活動したり，実生活との関連性を見出したりすることです。

導入スキルの視点

導入スキルには，次の６つの手法があります。

①固有名詞で関連性を引き出す…問題文に身近なものの名前を意図的に組み込む。

②実際に活動させる…「なんでできないのだろう？」を引き出す。

③No.Iを選ばせる…直感的に一番を選ばせ，理由を言える子どもには聞いていく。

④資料の一部を隠す…棒グラフを隠したり，挿絵を一枚抜いたりして資料を隠す。

⑤気持ちを問う…好き，ちょっと好き，ちょっと嫌い，嫌いといったように気持ちを考えさせる。

⑥理由を尋ねる…子どもたちの気づきを元に原因や背景を考える。

ラベリングスキル

概要

39 「効果絶大」
だからこそ慎重に使う

ラベリングスキル（概要）

ポジティブ行動		ラベリング言葉
音読	＋の	プロ

自己認識の形成	モチベーションの向上	挑戦意欲の向上

❌ ラベリングNG

①不適切行動をラベリング　　②配慮のないラベリング
　　　　▼　　　　　　　　　　　　▼
ポジティブ行動のみを　　　　子どもの心情に寄り添
ラベリングする　　　　　　　ってラベリングする

ラベリングスキルとは

　ラベリングとは，個人や集団に特定の名称を割り当てることで，その人たちを特定の特性や行動と結びつける行為です。このプロセスは心理学，社会学などの分野でも活用されています。

　ここで言うラベリングは，子どものポジティブな行動に名前をつけることです。ラベリングをすることによって，以下の効果が期待できます。

①**自己認識の形成**…子どもたちにポジティブなラベルを与えることで，自分のことを客観視できるようになります。この自己認識は自尊心を高めることにもつながっていきます。

②**モチベーションの向上**…子どもたちの行動に対し適切にラベリングをすることで，自信や誇りなどの自己肯定感につながり，それにふさわしい行動をとろうという動機づけになります。

③**挑戦意欲の向上**…ラベリングにより自分の「できる」ことが明確になることで，新たなことにも「チャレンジしてみよう」「自分にもできるかも」という意欲を高めることができます。

実態に応じたポジティブなラベリングを

　ラベリングには強い影響力があるため，慎重に行う必要があります。ネガティブな行動にラベリングをすることは言語道断です。その子どもを傷つけてしまう行為になります。

　また，個人の性格やクラスの雰囲気を考慮しながら行いましょう。みんなの前でポジティブ行動をラベリングされるのが嬉しい子どももいれば，みんなの前でほめられるのが嫌だという子どももいます。

　そんな子どもには，教師が寄り添いながら，個別にポジティブ行動に対してラベリングしていくなどの配慮は欠かせません。

CHAPTER 2　図解で詳しくわかる　先生1年目からずっと使える授業スキル　**103**

ラベリングスキル

全段階

40 ラベリング言葉 × 教師の演技力

ラベリングスキル（全段階）

プロ	名人	キャプテン	一流	検定一級
師匠	リーダー	大臣	優勝候補	達人

驚く

えっ！もうできたの!?
かけ算リーダーだ

つぶやく

これは、音読検定1級だなぁ

ラベリング言葉を使う

　汎用性の高いラベリングを知っておくことで，子どものポジティブ行動に対して即座にフィードバックできます。ここでは，その汎用性の高いラベリングを「ラベリング言葉」とします。

　ラベリングの効果的な活用は，ポジティブ行動＋ラベリング言葉です。ラベリングは「励ましのスキル」の仲間です。それゆえ，子どもたちのモチベーションにつなげることが必須です。

　　○○のプロ　／　○○名人　／　○○キャプテン　／　一流の○○

　　○○検定一級　／　○○師匠　／　○○リーダー

　　○○大臣　／　○○優勝候補　／　○○の達人

といったラベリング言葉を活用することができるでしょう。

ラベリングの効果を最大限発揮する

　ラベリングの効果を最大限発揮するには，教師の演技力と組み合わせることが効果的です。

①驚く…子どものポジティブな行動を予想外であるかのように驚きながら，「えっ！　なんて丁寧な文字！　文字丁寧選手権優勝だ！」などと伝えます。

②つぶやく…これは，教師がひとり言のようにつぶやく演技です。子どもに過度なプレッシャーを与えずにラベリングすることができます。「聞き方名人だなぁ」というように，ポジティブな行動を教師の感想としてラベリングすることができます。

　このように，子どもたちの学習意欲を高めたり，子どもたちのポジティブな行動からコミュニケーションをとったりすることができます。

ラベリングスキル

CHAPTER 2　図解で詳しくわかる　先生 1 年目からずっと使える授業スキル　**105**

ネームプレート活用スキル

概要

41 学習指導と生徒指導を一体化する

ネームプレート活用スキル （概要）

立場の明確化	学習段階の視覚化	コミュニケーションの促進
参加意欲の向上	教師の見取り	包括性の実現

生徒指導の実践上の視点

自己存在感の感受　　　　　自己決定の場の提供

ネームプレート

ネームプレート活用スキルとは

みなさんは，授業中ネームプレートを活用していますか？　ネームプレートを活用することには，たくさんのメリットがあります。

①**立場の明確化**…賛成・反対や，必要・不要といった二項対立で学習を練り上げていく際に，誰がどのような意見をもっているかをひと目で判断することができます。

②**学習段階の視覚化**…今，どんな学習を進めているかが視覚化されることによって，自分が「すべきこと」を明確にすることができます。

③**コミュニケーションの促進**…自分と友達の考えの違いについて認識することができ，友達の考えを大切にすることを意識づけることができます。

④**参加意欲の向上**…黒板の中に自分の名前があることにより，学習を自分事として捉えることができます。

⑤**教師の見取り**…子どもの考えを可視化することによって，子ども理解の手立てとします。また，学習を進める中で考えが変容した子どもの過程も見取ることができます。

⑥**包括性の実現**…全員の名前が黒板に示されることにより，誰もがクラスの一員として認識され，クラスへの所属意識を高めることができます。

生徒指導の面からも重要

ネームプレートの活用は，生徒指導においても重要な役割を果たします。「自分も1人の人間として大切にされている」という自己存在感の感受を提供する手段になります。また，子どもに自ら考え，選択し，決定するといった自己決定を促すことも可能にします。

教科指導と生徒指導の一体化を目指す上で，ネームプレートは重要な役割を担うのです。

CHAPTER 2　図解で詳しくわかる　先生1年目からずっと使える授業スキル　107

> ネームプレート活用スキル

起の段階

42 子どもが学習に向かう意欲を高める

ネームプレート活用スキル （起の段階）

気持ち
学習内容

ネームプレート

・学習を自分事として捉える
・共感的好奇心を高める
・自己の変容を認識できる

教科	対象	発問例
国語	気持ち	大豆製品の中で好きな食べ物は？
算数	気持ち	1mあたりの値段が40円のリボンは高い？
社会	気持ち	北海道と沖縄どちらに行きたい？
理科	学習内容	この中で磁石につくのは？
道徳	学習内容	公正とは？

「気持ち」と「学習内容」の確認

　起の段階においては，子どもたちが自身の気持ちに思いを巡らせるために活用できます。子どもたちに自己の気持ちを選択させることで，教材への関心を高め，学習への参加意欲を高めることができます。
　また，既有の知識の確認にも活用できます。学習内容に着目させることで，既習内容や先行知識を確認しながら学びに向かうことができます。
　このように，導入段階では，①気持ち②学習内容という2つの視点でネームプレートを活用することができます。
　授業終末には，導入段階のネームプレート位置や内容を確認しながら自己の変容を認識することができます。さらに，友達の思いや考えが視覚化されていることで，「友達は何を考えているのだろう？」といった共感的好奇心を育むことにもつながります。

「なんとなく」を可視化する

　起の段階においては，「答え」は求めません。子どもが自分の先行知識を認識し，学習への参加度を高めることを目的とします。
　以下の写真は道徳の授業で活用したものです。授業の初めに，「公正とは？」という発問をし，黒板下部にネームプレートでそれぞれの考えを示しました。一人ひとりの考えが示された状態で学習をスタートできます。

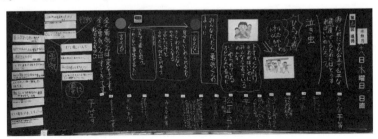

| ネームプレート活用スキル |

承の段階

43 見方・考え方，手法を自己決定させる

ネームプレート活用スキル（承の段階）

教科	見方・考え方	ツール
国語	言葉を比べる 文章を並べる	音読 サイドライン
算数	1つ分をつくる 分ける	絵や表 線分図
社会	時期に着目する 場所に着目する	白地図 パンフレット
理科	類推して予想する 条件を変えてみる	タブレットで記録 ネットで調べる

学習方法を選択 → 学習活動 → 学習後

「これならできそう…」
「この方法でやってみたい！」
「みんなにも聞いてみよう！」
「自分の決めた方法でできた！」

課題の解決方法を選択する

　承の段階においては，課題の解決方法を選択する場合に活用することができます。課題解決の方法とは，見方・考え方や各種ツールのことです。これらの解決方法を，ネームプレートを使って選択させておくことで，課題解決への見通しをもつことができます。

　昨今，自由進度学習や自己調整学習のような，子ども主体の学びを実現するための学習スタイルが盛り上がりを見せています。このような学習スタイルともネームプレート活用は相性が良いです。

　また，友達がどのような学習方法を選択しているかを確認することができるので，課題解決に向けて協働しやすくなります。異なる方法で課題解決に取り組んでいる友達から話を聞くことで，新たな視点を取り入れたり，自分の考えを補完したりすることができます。

　このように，学習を見通したり，協働学習の補助として活用したりすることができます。

内発的動機づけを高める

　学習方法を自己決定することは，学習への動機づけへとつながります。教師から指示された一方通行の解決方法ではなく，多様な解決方法の中から自分で選択することにより，「できそうだ」「やってみたい」という気持ちが生まれます。

　この経験の積み重ねが，自己実現を促進します。自己と向き合い，自分の興味関心について考え，自分の行動に責任をもち，自己効力感を高めることができます。

　このように，学習方法を選択することを習慣にすることは，生徒指導とも大きく関わってくるのです。

CHAPTER 2　図解で詳しくわかる　先生1年目からずっと使える授業スキル　　111

> ネームプレート活用スキル

結の段階

44 本時の学びを振り返る

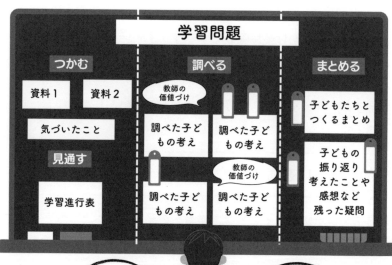

「大切なところ」を自ら探せるように

結の段階は，本時の学習と自己を結びつける場面です。学習全体を見渡して，自分が大切だなと感じるところや，価値を感じるところにネームプレートを貼らせます。

「黒板に自分の名前を貼る」という行動を促すことで，自分が大切にしたい考えや，気持ちが動いた場面はどこか，自然と探そうとします。この過程が学習と自己を結びつけることにつながるのです。

ネームプレートの場所を移動させたり，他の考えや意見と比べたりすることによって，一単位時間の学習による自己の成長を認識することができます。また，一単位時間における思考の流れを全体的に振り返り，理解を深めることができます。

授業改善と子ども理解の視点に

授業では，本時の目標などの「ねらい」を教師が明確にもっておかなくてはなりません。このねらいを達成するために山場となる部分を授業前に構想すると思います。黒板上で示された「ねらい」を実現できる部分に多くのネームプレートが貼られていれば，教師のねらいに即した授業になっていたといえるでしょう。

教師のねらい通りの部分にネームプレートが貼られていなくても，子どもがどうしてその場所を選択したのかを探っていくことで，子どもの感じ方や考え方の違いについても把握することができます。

このとき重要なのは，「ネームプレートを貼る場所に優劣はない」ということです。どこに価値をおくのかは人それぞれです。

音楽活用のスキル

概要

45 音楽で子どもの気持ちに寄り添う

音楽活用のスキル （概要）

気持ちを	リズムで	思いを
リラックスさせる	やる気を高める	巡らせる

学校生活でも活用できる

朝の時間
教室へ
入りやすい！

休み時間
トラブルが
起きづらい！

清掃時間
見通しが
もてる

音楽を活用するスキルとは

みなさんは，普段どのような音楽を聞きますか？　通勤時や集中したいときに音楽を聞くという方もいらっしゃるかもしれません。教育活動においても，音楽を活用することには様々なメリットがあります。

①気持ちをリラックスさせる…音楽は感情に大きな影響を与えます。子どもたちの感情を和らげたり，集中力を持続させたりすることに役立ちます。

②リズムでやる気を高める…体を動かすときなどの活動的な場面でアップテンポの曲を流すことで，子どもたちのやる気を高めることができます。

③思いを巡らせる…感情に訴えたいときに，ゆったりとした心温まる音楽を活用することで，自身の心を動かすことができます。

このように，学習活動に応じた音楽を活用することで，その効果を最大限まで膨らませることができます。

日々の学校生活でも活用できる！

音楽を活用することによって，日々の生活をルーティン化することができます。例えば，音楽が流れ終わるまでに作業をすることで，帰りの準備や清掃を終わらせる時間の目安となります。

朝の時間には心地よい音楽を流すことで，子どもたちが教室に入ることへの抵抗感を緩和することができます。

休み時間には，ゆったりとした音楽を流して子どもたちの心を落ち着かせることで，トラブルが起きにくい雰囲気をつくることができます。

私は，いつでも音楽を流せるように，小型の Bluetooth スピーカーを持ち歩いています。

CHAPTER 2　図解で詳しくわかる　先生 1 年目からずっと使える授業スキル　　115

音楽活用のスキル

全段階

46 音楽は結婚式をイメージして使う

音楽活用のスキル（全段階）

結婚式

イベント	歓談	手紙を読む

体育	交流活動	振り返り

学校生活

音楽を流すときは結婚式をイメージする

音楽は，教師のねらいに応じて活用していきます。私は音楽を選択する際は結婚式をイメージしています。登場やイベントではアップテンポの音楽，歓談では話しやすい雰囲気の音楽，手紙を読むときは心温まる音楽，というように，結婚式をイメージすると，学校における各場面でどのような音楽を流すかが決まってきます。

ハキハキと活動してほしい場面

体育の授業と音楽は相性が抜群です。体育では，思考と体をフル回転させる必要があります。ランニングや作戦会議のときには，子どもの動きや思考が活発になるように，アップテンポな音楽を流しています。

意欲的に活動してほしい場面

ここで言う意欲的に活動してほしい場面とは，交流活動です。立ち歩きで友達と意見を交流するときに音楽を流すことで，子どもたちのやる気を高めることができます。結婚式の歓談の時間で流れるようなイメージの音楽を流します。なお，「同じ意見の人を3人見つけよう」というように，教師の指示をミッション形式にすると，子どもたちの活動はより活発になります。

リラックスして活動してほしい場面

リラックスしてほしい場面とは，振り返りの場面です。振り返りの場面では，自己と学びを結びつけられるような落ち着いた雰囲気を音楽で醸成していきましょう。

CHAPTER 2　図解で詳しくわかる　先生1年目からずっと使える授業スキル　117

つぶやき活用のスキル

概要

47 あいづち指導でつぶやきを引き出す

つぶやき活用のスキル （概要）

授業前

①子どもの姿を具体的にイメージできる

つぶやき

授業中

②子どもの気持ちに寄り添った授業展開ができる

リアクション		対象	目的	フレーズ
あいづち	👍	他者	対話的	あぁ！ いいね！ うん？ えっ！ おお！
つぶやき	🐦	自己	非対話的	

つぶやきを活用するスキルとは

　つぶやきとは，子どもの「本音」です。教師が意図している綺麗な回答ではなく，子どもの気持ちが言動となって表出したものがつぶやきになります。「つぶやき」を活用することには，以下のメリットがあります。

　①つぶやきを想定することで子どもの姿を具体的にイメージできる。

　②子どもの気持ちに寄り添った授業が展開できる。

　子どものつぶやきを大切にして授業をつくることは，指導技術向上のヒントになります。

あいづちとつぶやきを教える

　つぶやきが出るということは，他者の話をしっかりと聞いている証拠です。他者の話を考えて聞いていなければ「つぶやき」は出てきません。つぶやきはあいづちと似ています。

　つぶやきは，主に自己の内面を表現する非対話的な言動です。あいづちは，会話を円滑に進めるための対話的なツールです。両者は異なる目的と機能をもっていますが，表出される言動は似ています。

　そこで，あいづちを子どもたちと練習することにより，自然と「つぶやき」が出てきやすい環境を醸成し，個人の資質を高めることができます。

　私は，あいづち指導は「あいづちあいうえお」を活用し，日々の授業で実践しています。

　「あぁ→共感　いいね→称賛　うん→疑問　えっ→驚き　おぉ→感動」というようにキーワード化して，あいづちは自分の気持ちを相手に伝えることができるコミュニケーションの1つであるということを子どもたちに伝えていきます。

CHAPTER 2　図解で詳しくわかる　先生1年目からずっと使える授業スキル　119

つぶやき活用のスキル

全段階

 48 子どもたちの本音で授業をつくる

つぶやき活用のスキル（各段階）

学習段階	つぶやき		教師の言葉かけ
起	えっ！ うん？ なんで？		なんで，今「えっ！」と言ったの？
承	なるほど！ よしっ！ できた！		自分の考えに自信がもてていますね！
転	でも… だって… これだと…		「だって…」といったAさんの気持ちわかる？
結	なるほど！ いいね！ おぉ！		「なるほど」と思う人はどんな考えだろう？

つぶやきで授業を構成する

　子どもたちの「つぶやき」をイメージすることから，授業構成を考えることができます。つぶやきとは，心の声です。子どもたちから引き出したい心の声を明確にすることで，授業の各段階における具体的な子どもの姿を想定することができます。

起承転結の段階で活用する

　起の段階は，導入場面です。子どもの学習意欲が喚起されたことがわかるつぶやきとして「えっ！」「うん？」といったあいづちが想定されます。自分の既有の知識と教材のズレを感じ取り，学びへと向かうことができます。

　承の段階は，自力解決です。この場面では，課題解決に向けて自分の考えをもつことができたり，課題が解決でき「よしっ！」「できた！」とつぶやいたりしている子どもの姿をイメージすることができます。

　転の段階は，教師の問い返しや，子ども同士による練り上げです。このときは，「でも…」「だって…」といった，子どもの思考が揺れているようなつぶやきを想定することができます。

　結の段階では，本時の学習を自分と結びつけます。「なるほど」「いいね」といったつぶやきが出れば，納得解のある学びが実現したことになります。

つぶやきで授業をつくる

　つぶやきの理由について教師が尋ねることで，子どもの気持ちに寄り添った授業をつくることができます。例えば，導入段階において「なんで，今『えっ！』と言ったの？」「どうして『うん？』と不思議そうに言ったの？」と尋ねれば，子どもの思考が表出し，本時の「めあて」につながります。

CHAPTER 2　図解で詳しくわかる　先生 1 年目からずっと使える授業スキル　**121**

ICTを活用するスキル

概要

49 ツールとしてICTを使い倒す

ICTのメリット

学習段階	ICT活用
起	興味関心を高めるために アンケート機能を活用する
承	自力解決を支えるために リンクの共有やデジタルヒントカードを使う
転	多様な意見に触れるために 共有機能を活用する
結	学びの定着を図り，さらに深めるために AIドリルを活用する

一単位時間におけるＩＣＴの活用

　ＩＣＴは万能で，各段階で学びを進めることに役立ちます。

　起の段階においては，子どもたちに資料をデジタルで配布したり，アンケート機能を活用したりして，学習内容への興味関心を高めることができます。

　承の段階では，リンクの共有やデジタルヒントカードなどを使って，子どもたちの自力解決を支えます。

　転の段階では，共有機能を使って，多様な意見に触れることができます。

　結の段階では，学びの定着を図り，さらに深めるために AI ドリルで練習することができます。

アナログとデジタルは二項対立なのか？

　「ＩＣＴを活用するならば，黒板は必要ないのでは？」という意見が出るほど，アナログとデジタルはいまだに二項対立で考えられています。

　私の考えでは，板書は「教師と子どもの思考の交差点」です。教師が教材研究で意図している「ねらい」を具体化するためのツールが板書になります。ＩＣＴは，「子ども同士をつなぐ」役割があります。子どもたちの思考を可視化し，整理することができます。

　また，ＩＣＴは，アウトプットによる表現の幅を広げてくれます。ロイロノート・スクールや Canva を活用することにより，多様な方法で思考力・判断力・表現力を伸ばすことができます。

　さらに，教師が子どもへ適切なフィードバックをすることにも役立ちます。子どもの発言といったライブの見取りとは異なり，ＩＣＴでは成果物の保存が可能なので，落ち着いて評価することができます。

CHAPTER 2　図解で詳しくわかる　先生 I 年目からずっと使える授業スキル　**123**

ICTを活用するスキル

転の段階

50 ICTで協働を促進する

協働におけるICT活用スキル（転の段階）

視点		メリット
時間	⏱	時間をかけずに対話できる タイミングを合わせなくても対話可能
空間	📍	場所にとらわれずに 意見を共有することができる
表現	🖥	表現方法が多様になる 学習における重要ポイントを共有できる
整理	👥	シンキングツールを活用することで 考えを構造化，分類，順序づけできる

協働におけるICTの活用

「ICTの充実は他者と関わる機会を減らしてしまうのではないか」という疑問や，「ICTではなく，アナログで関わった方がよいのでは？」といった考えがあると思います。

大切なのは，ICTを使うメリットを教師が知っておくことです。それに応じて適切なタイミングでICTを活用することで，その効果は何倍にもなります。

協働におけるICTを使うメリットとして，以下の4点が挙げられます。
①**時間**…時間をかけずに対話できる。タイミングを合わせる必要がない。
②**空間**…場所に関係なく意見を共有できる。
③**表現**…多様な表現方法が可能になる。
④**整理**…シンキングツール等によって，考えを整理できる。

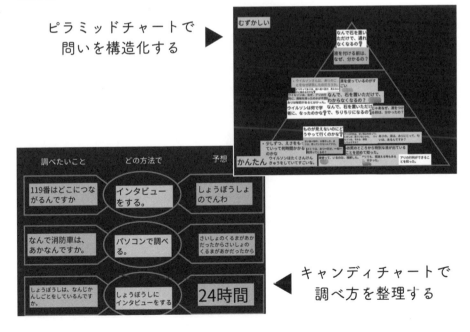

ピラミッドチャートで問いを構造化する

キャンディチャートで調べ方を整理する

ICTを活用するスキル

CHAPTER 2 図解で詳しくわかる 先生1年目からずっと使える授業スキル

子どもが納得する学習計画をつくるスキル

概要

51 子どもたちの学びの道標をつくる

子どもが納得する学習計画をつくるスキル（概要）

第6・7時　防災マップを作成する	ゴールが明確
第5時	
第4時	何のために学習をしているかが明確
第3時	
第2時	
第1時　納得できる学習計画を立てる	学習意欲を高める

学習計画とは？

　みなさんは，学習計画をつくっていますか？　学習計画とは，単元全体の計画のことです。主には国語や社会でつくる機会があります。

　授業一単位時間のみの構成ではなく，単元を貫く問いを活用することで，子どもたちは単元の見通しをもちながら，学びに向かう必要感をもって学習に取り組むことができます。

学習計画のメリット

　学習計画づくりでは，単元導入1時間目に実施していきます。学習計画をつくるメリットとしては，以下のようなことが挙げられます。

①何のために学習しているかが明確になる

　目的を明確にして学習を進めることで，子どもたちは学びの必要性を実感できます。「パンフレットづくりをする」「観光マップをつくる」など，学習内容から作成できる具体物をイメージさせることが「目的」にあたります。

②学びの一体感を感じられる

　単元全体の見通しがあると，子どもたちは「前回の学習とつながっているぞ」といった感覚をもつことができます。学びのつながりを認識することで，学習意欲が高まります。また，学習内容の定着を図ることもできます。

③学びの軌道修正ができる

　目的が明確になっているため，教師自身も子どもたちの様子を見ながら授業改善することができます。また，単元を通して適切なフィードバックや評価につなげることができます。

　このように，学習計画の効果を最大限発揮するためには，「子どもが納得する学習計画」をつくる必要があります。

CHAPTER 2　図解で詳しくわかる　先生1年目からずっと使える授業スキル　127

子どもが納得する学習計画をつくるスキル

単元づくり全体

52 「自分たちの学習計画」にする

子どもが納得する学習計画をつくるスキル

一単元

起
学習意欲を高める

承
学習内容を調べる

転
学びを深める

結
学びを振り返り活用する

視点		方法
問いを生かす	?	問いを出させて，問いの重要度を整理して作成する
ICTを活用する	📱	AIテキストマイニングやGoogleフォームといったアンケート機能を活用する
初発の感想から	💭	子どもたちが書いた初発の感想から意図的に教師が取り上げ，学習活動を構成する
ゴールを示す	🚩	その学習を通して解決したい課題や取り組みたいことなど，明確な場面を設定する
比較する	⚖	過去と現在を比較させることで，その過程に何があったのかを推測させ，学習活動を考える
実際に活動する	✍	実際に文章を書かせて「うまくいかない」を引き出し，学習計画を設定する

単元全体における起承転結とは

　子どもが納得する学習計画をつくるのは，単元全体における「起」の段階です。これも，一単位時間における「起」と同様に，学習意欲を高める場面となります。

　その後，承の段階では学習内容を調べていき，転の段階では，子どもの思考が高まる山場となる学習活動を設定します。結の段階では，単元全体を通して子どもが学びを振り返り，達成感をもてるような活動を組み込むことが大切です。

子どもが納得する学習計画のつくり方

　子どもが納得する学習計画をつくるには，5つの視点が挙げられます。

①**問いを生かす**…子どもたちの問いを引き出し，問いの重要度を整理して学習計画を作成します。

②**ICTを活用する**…AIテキストマイニングや，Googleフォームといったアンケート機能を使って，子どもがしてみたい活動を引き出していきます。

③**初発の感想から**…例えば，国語の授業では，子どもたちが書いた初発の感想から一部を意図的に教師が取り上げ，学習活動を構成していきます。

④**ゴールを示す**…「10月2日に全校児童に防災の大切さを発表する」などのような，明確な場面を設定します。

⑤**比較する**…過去と現在を比較させることで，その過程に何があったのかを推測させ，学習活動を考えていきます。

⑥**実際に活動する**…実際に文章を書かせてみるなど，「活動してみた結果，うまくできない」を引き出し，学習計画を設定します。

　このような手法を活用することにより，子どもが納得する学習計画を作成することができます。

> 非言語スキル

概要

53 教師の言葉に「価値」をもたせる

非言語スキルとは？

　非言語スキルとは，言葉を使用しないで情報を伝達するコミュニケーションの技術を指します。例えば，説明を補足する役割をするジェスチャーなども含みます。

　子どもたちは，「自分を見てほしい」という強い気持ちをもっています。特に低学年においては，「先生できました！」「先生これはどうですか？」といった言葉が，教室中に響き渡ります。授業中は教師が言葉を発すれば発するほど，教室はたくさんの言葉で濁っていきます。教師の言葉に「価値」をもたせるためにも，子どもの反応には非言語スキルで対応することが重要です。

　私自身，非言語を意識し始めてから，毎日50回以上は非言語を活用しています。今回紹介する非言語スキルは，教師が頻繁に活用することができるものです。

教室で活用できる非言語スキル

　非言語スキルは，主に以下の３つを組み合わせながら活用することで，その効果が高まります。

①**身振り**…手や身体の動きを使って意味を伝える方法です。良い言動の価値づけをしたり，子どもの行動を促進したりすることができます。

②**表情**…指示に笑顔を組み合わせることで，子どもたちは安心して学習に取り組めます。「自分はできている！」と思っていても，意外とうまく笑顔になれている人は少ないものです。

③**音を立てる**…注目させたいときに手拍子をしたり，黒板をコツコツしたりして音を立てて，「今は話を聞く時間である」と認識させることができます。

CHAPTER 2　図解で詳しくわかる　先生１年目からずっと使える授業スキル　131

非言語スキル

承の段階

54 子どもたちとの共通非言語をつくる

非言語スキル（承の段階）

効果	動作		活用場面
称賛・安心	いいね	👍	・素早くノートを写して姿勢を正したとき ・「先生，終わりました！」という声が聞こえてきたとき ・発表中，言葉につまったとき
	OK	👌	
	サイレント拍手	👏	
	うなずき		
注目	黒板をたたく		・黒板に注目してほしいとき
	教卓をそろえる		・大事な話をする前に雰囲気を整えたいとき
促進	書くマネ		・自力解決のスイッチが入っていないとき
	手を挙げる		・発言を促したいとき

承の段階で活用する非言語スキルとは

　承の段階において，自力で学びを進めている子どもたちにとっては教師の声かけがノイズになってしまうこともあります。そこで，非言語スキルが効果的です。

　非言語スキルを活用することによって，自分の考えに不安を感じている子どもや，集中力が途切れている子どもの学びを促進することができます。非言語のため，学びを進めている子どもたちの妨げにもなりにくいです。

非言語スキルの効果とは

　非言語スキルの効果は主に3つ考えられます。

①**称賛・安心**…「いいね！」と親指を立てたり，教師がうなずいたりすることにより，子どもの学習活動を認め，励ますことができます。

②**注目**…子どもの注目を集めたいときに活用します。黒板で音を立てたり，教卓を揃えたりして，子どもたちに「今から大事なことを話す」というメッセージを伝えることができます。

③**促進**…子どもに行動を促したいときにも，非言語を活用できます。何かを書くマネをしたり，教師が手を挙げたりすることで子どもたちの行動が促進されます。これは，教師の行動を子どもが模倣する現象です。心理学では，モデリングと呼ばれています。

　これらの非言語は，子どもたちと教師の共通言語になります。私が頻繁に活用するのは，親指を立てて子どもたちを称賛するジェスチャーです。このような非言語スキルを使い続けると，子どもたちの間でも親指を立てて気持ちを伝える姿が見られ始めます。

心理学を生かすスキル

概要

55 自らの指導に心理学的背景をもたせる

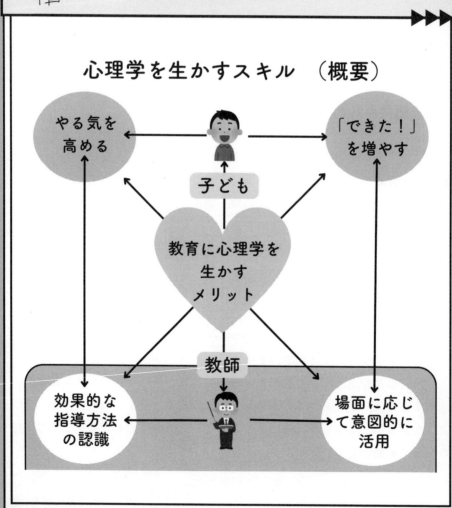

心理学を生かすスキル （概要）

教育で使える心理学とは？

　みなさんは，心理学を活用しながら指導することができていますか？　心理学と言うと難しく聞こえてしまいますが，ここでは学校現場で即実践できる心理学について紹介していきます。

　もしかしたら，普段みなさんが活用している教育技術も，心理学のエビデンスに基づいたものかもしれません。自身の指導を心理学と結びつけることで，場面に応じて効果的な指導を選択することができます。

心理学に基づいて指導をするメリット

　教育で心理学を活用することによって得られる効果は，以下のような点があります。

①**やる気を高める**…学習場面はもちろん，日々の学校生活においても心理学を活用することで，子どもたちのやる気を高めることができます。教師主導ではなく，子どもが「やってみたい！」と感じられるようになります。

②**「できた！」を増やす**…心理学を活用することにより，説明をわかりやすく伝えることができ，子どもたちの理解が深まります。理解が深まることで，これから「すべきこと」が明確になり，「できた！」という体験が増え，達成感を得ることができます。

③**指導方法を見直す**…心理学に基づき指導するという自覚があると，学習活動において自身の指導方法が効果的であるかを自然と把握することができます。

　このように，心理スキルを活用することによって，日々の教育活動がうまくいくことが増えていきます。

心理学を生かすスキル

CHAPTER 2　図解で詳しくわかる　先生1年目からずっと使える授業スキル　**135**

> 心理学を生かすスキル

全段階

56 即実践できる実用的な心理学を知る

心理学を生かすスキル（全段階）

効果	教育で使える心理学		説明	具体例
やる気を高める効果	ピグマリオン効果		期待がその人々のパフォーマンスに影響を与える	「〇〇さんだったらできそう」と期待する
	カメレオン効果		無意識のうちに他人の行動や態度を模倣する	教師が手本となったり、モデルを掲示したりする
	宣言効果		目標を宣言することでモチベーションが高まる	自身の学習の目標を視覚化する
「できた！」を増やす効果	初頭効果		最初の印象が相手に残る	重要な情報は、初めに提示する
	メラビアンの法則		感情を読み取る際、非言語による情報の影響度が大きい	言葉だけではなく、身体言語にも注意を払う
	スキーマ		枠組みやテンプレートがあることで、新しい情報の理解や記憶の助けになる	学び方の手順や手法を教える

参考文献：『授業力＆学級経営力』編集部　編『なぜか学級がうまくいく心理術』（明治図書，2021）

学校で生かせる心理学には，主に以下のようなものがあります。

やる気を高める効果があるもの

①**ピグマリオン効果**…他者に対して抱く期待がその人々のパフォーマンスに影響を与える現象です。教師の期待が子どもたちの自己効力感を高め，よりよい学習活動に結びついていきます。

②**カメレオン効果**…人が無意識のうちに他人の行動や態度を模倣する現象を表した社会心理学用語です。教師が手本となったり，モデルを提示したりすることにより，学習活動を促進することができます。

③**宣言効果**…人が自分の目標や意図を他人に公言することで，その目標を達成しようというモチベーションが高まる現象です。ネームプレートなどで自身の学習活動を視覚化することで，学びの意欲につながります。

「できた！」を増やす効果があるもの

①**初頭効果**…最初の印象が相手に強く残るという現象です。重要な情報を初めに提示することにより，理解と記憶の向上を期待することができます。

②**メラビアンの法則**…主に感情や態度が伝達される状況で，受け手がメッセージから感情を読み取る際の情報の影響度は，言葉（言語的内容）7％：声のトーン38％：身体の言語（非言語的要素，特に顔の表情）55％の割合だったという実験結果があります。このことから，教師は言葉だけではなく，声のトーンや身体言語にも注意を払うべきであることがわかります。

③**スキーマ**…特定の知識や経験に基づく情報の枠組みやテンプレートのことで，人が新しい情報を理解し，記憶に残しやすくする役割をもちます。教師の視点で考えると，学び方の手順や手法を教えることで，子どもたちが新しい環境や状況をより迅速に理解できるようになると捉えられます。

時間を設定するスキル

概要

 57 「時間意識」で子どもたちを育てる

時間を設定するスキル （概要）

目標達成の見通し	学習構成の明確化
3分で終わらせる！	今は自力解決の時間！
時間意識の醸成	評価の明確化
1分はこれくらい！	3分で終えられましたね！

まだ時間ほしい人？

12人×5秒で1分追加します！

自分の意見が反映された！また手を挙げよう！

何人か手を挙げたので1分追加します

手を挙げなくても誰か手を挙げるだろう

時間を設定するスキルとは？

時間を設定することは，授業において，とても重要な要素になります。時間を設定するメリットとして以下の点が挙げられます。

①**目標達成の見通し**…適切な時間配分を設定することで，子どもたちは目標に集中しやすくなります。

②**学習構成の明確化**…授業の中では，「対話してほしい」「自力解決をしてほしい」などのような教師の願いがあります。そのときに時間を計ることで，子どもたちに活動する時間であるということを意識づけることができます。

③**時間意識の醸成**…時間を計ることで，子どもたちに「時間を守ろう」といった自覚が芽生えます。また，「１分」などの時間を量的に体感することができます。

④**評価の明確化**…授業では，子どもの「できた！」という場面を増やすことが大切です。この「できた！」を見取る客観的視点が時間になります。時間内に「ここまで」という基準が明確になっていることで，教師は子どもたちに称賛や励ましの声かけをしやすくなります。

時間を伸ばすスキル

時間は原則，「短め」のイメージで設定します。「設定された時間に終えることができた！」が一番よいのですが，延長の必要性があるときは，子どもの意思を聞いて時間を延ばすことが大切です。

時間を延ばすときは，「まだ時間ほしい人？」と声をかけます。このとき，教師が演技でもいいので，人数を数えるフリをして，「12人×5秒で１分追加します」のように言います。具体的な数字を出すことで，子どもたちは「自分の意見が反映された！」という気持ちになります。この積み重ねが活気ある授業の雰囲気を醸成するのです。

CHAPTER 2　図解で詳しくわかる　先生１年目からずっと使える授業スキル　　139

時間を設定するスキル

全段階

 58 「見通し」と「安心感」を時間で生み出す

時間を設定するスキル（各段階）

段階	時間を計る場面	ポイント
起	ペア対話で「気づき」を引き出して，学習意欲を高める	1分程度 慣れてくると30秒
承	自力解決では，まず「1人で」全力で考えさせる	3分程度 1人では進められなかった場合の対応を事前に設定する
転	グループ，立ち歩き交流で考えを広げたり深めたりする	8分〜12分 時間と数を組み合わせる
結	振り返りを書いたり，学びを共有したりする	時間(3分) 量(3行) 視点(できたこと) を設定する

各段階における時間を設定するスキル

起の段階は，主に「気づき」を引き出して，学習意欲を高める段階です。このときには，ペア対話が効果的です。導入段階のペア対話では1分が適切だと感じます。慣れてくると，30秒でも意見交換できるようになります。

承の段階は，自力解決をしていきます。自力解決では，まず「1人で」全力で考える時間をとります。それでも考えられなかったら友達の回答を見に行ったり，教師の説明を聞きに行ったりします。あらかじめ「3分考えて何も書けなかったら黒板の前に行く」などと決めておくことで，子どもたちは見通しをもって自力解決を進めることができます。

特定の子どもたちを集めて教師が補足するときに大切なことは，「説明を受けている子どもたちに恥ずかしい思いをさせない」ということです。「説明を聞いて，さらに考えを広げたい，深めたいと思った人も前に来ていいですよ！」と伝えることによって，わからない人だけが説明を聞きに行くのではなく，多様な人が集まる場だということを認識させることができます。

転の段階においては，グループ，立ち歩き交流で時間を設定することができます。私の理想は8分です。長くても12分以上はとらないようにしています。このとき，「8分で違う意見を5つ見つけましょう」「8分で新しい考えを3つつくりましょう」というように，時間と数を組み合わせると効果が高まります。

結の段階では，振り返りを書く場面になります。私は，振り返りは「3分で3行」というように書くことが望ましいと考えています。振り返りを書いた後は，1分で友達とペア対話させ，共有することで，本時の学習がより深まっていきます。

このように，時間を学習段階に応じて設定していくことが，子どもの見通しと安心感につながります。

CHAPTER 2　図解で詳しくわかる　先生1年目からずっと使える授業スキル　141

振り返りのスキル

概要

59 学びを「実感」できる振り返りをつくる

振り返りのスキル （概要）

振り返りのメリット

4つの実感		子どもの意識
学びの定着を実感		できた！ わかった！
学びの連続性の実感		なるほど！ してみたい！
自己の変容と成長の実感		今までは…
他者との学びにおける自己の実感		○○さんと…

教師がもっておく視点

事前	目的の明確化	これまでの学び？ これからの学び？
	学習時間の構造化	1時間の学び？ 単元全体の学び？
事中	内容の焦点化	めあて？ 自分の課題？ 友達と？
事後	振り返りの検証	振り返りを振り返らせている？
	他者との共有	振り返りを友達と共有している？

振り返りのメリットである「4つの実感」

　みなさんは，学習で振り返りをしていますか？　「振り返りの時間がとれていない」「振り返りのさせ方がわからない」という方もいらっしゃると思います。まずは振り返りのメリットについて紹介します。

①**学びの定着を実感**…自分の学習を振り返ることで，理解を確かなものにすることができます。この理解を，自身の学習スキルとして今後も活用することができます。

②**学びの連続性の実感**…学んだことがこれまでの学習とどのようにつながっているのかを考えることができます。また，学習した内容を自分の理解として位置づけることで，次回の学習への期待につながります。

③**自己の変容と成長の実感**…学習前と学習後の自分の変容を認識することで，自分の考えの変容や深まりから成長を実感できます。

④**他者との学びにおける自己の実感**…協働的に学んだように思えても，自身の成長や変容を感じられなければ「活動あって学びなし」の状態になります。協働的な学びの中での「自分」について振り返ることができます。

教師がもっておくべき振り返りの視点

　振り返りの視点を教師が明確にもっておくことが必要です。具体的には，以下のような5つの視点をもって意図的に振り返りを書かせます。

①**目的の明確化**…何のために書かせるのか？

②**学習時間の構造化**…何単位時間で書かせるのか？

③**内容の焦点化**…どのような内容について書かせるのか？

④**振り返りの検証**…その振り返りでよいのか？

⑤**他者との共有**…振り返りを他者と共有できているか？

振り返りのスキル

結の段階

60 学びを自分自身と結びつけさせる

振り返りのスキル （結の段階）

上段

3Z　時間 ——（　）分
　　　字数 ——（　）行
　　　条件 ——（　）番

中段

　　　　　わかった・できた
友達について　② ① 　自分について
　　　　　　　④ ③
　　　やってみたい・生かしたい

下段

条件	書き方の例
①	・最初は○○だったけど〜についてわかった ・〜前の勉強と〜が似ている！
②	・○○さんが〜と考えていることがわかった ・○○さんが〜と考えていて自分は〜だとわかった
③	・次の授業では〜をしてみたい ・今日の授業は〜に生かしたい
④	・次の授業は友達と〜しながら○○してみたい！

参考文献：樺山敏郎　著『個別最適な学び・協働的な学びを実現する「学びの文脈」』（明治図書，2022）

振り返りシートを活用しよう

　振り返りは，学習終末段階において活用します。左図に示した振り返りシートは三層構造になっています。上段では，大妻女子大学教授の樺山敏郎先生が提唱している「3Z」を指定します。「時間」「字数」「条件」です。初めの頃は，「時間」「字数」は「3分」「3行」がおすすめです。

　中段は3Zのうちの「条件」になります。これは子どもたちに振り返りを書かせる視点となっています。横軸を自分・友達といった振り返りにおける対象軸とし，縦軸は，理解と活用度を示す学習軸としています。

　下段には条件に応じた振り返りの文例を示すことで，書き方の理解をサポートします。ポイントは「型」を明確にすることです。文例があることによって，子どもたちは安心して振り返りを書くことができます。

振り返りシートをアレンジしてみよう

　低学年における振り返りでは，「できた」「わかった」「なるほど」「なんで？」といった項目を作成し，振り返りの視点を明確にすることで，効果的な振り返りをすることができます。

　体育の時間では，振り返りシートをデジタル化することによって，移動や活動の時に破れることなく保管しやすいといったメリットがあります。

低学年における振り返り

日づけ	できた	なるほど	なんで	やってみたい
6月18日	ひきざんのもんだいを5もんとけた	はなさんのえがわかりやすかった	なんでひきざんのえはみんなちがうのかな	もっとおおきいかずのひきざんをしてみたい

体育デジタルポートフォリオ

日づけ	めあて	自分ができた（コツ）	友達とできた	次してみたいこと
6月18日	チームで練習して試合をしてみよう	バレーボールのルールがわかった	レシーブの仕方を教えてもらった	友達とレシーブでつないでみたい

　振り返りシートは実態や状況に応じてアレンジしていきましょう。

CHAPTER 2　図解で詳しくわかる　先生1年目からずっと使える授業スキル　145

おわりに

　本書を最後までお読みいただきましたことに，心から感謝いたします。

　教育現場で日々子どもたちと向き合う教師にとって，「授業づくり」と「指導技術」をどう磨けばよいのかは，常に悩みの種です。多くの教育書は教科の特質に応じた専門書であり，普遍的な指導技術について語られることは少ないかもしれません。

　しかし，私はその「普遍的な技術」を強調したかったのです。教科の特質を支える根底には，すべての教科に共通する「学びの本質」があります。それを本書を通じて少しでもお伝えできたなら幸いです。

　私が「学びの本質」について考え始めた大きなきっかけは，教員になって5年目に複式学級の担任をした経験でした。初めて複式学級の担任をしたとき，何もかもが手探り状態でした。授業の流れをどうつくり，子どもたちにどう働きかければよいのか，教師としての役割は何か，試行錯誤の連続でした。毎日の授業の中で，「うまくいった」ことも「失敗した」こともありましたが，どちらも私にとって大きな学びとなりました。授業づくりには明確な「起承転結」の学習段階と，それを最大限発揮させる「指導技術」があるということについて，体験的に理解することができたのです。

　初任時代は研究授業に参加しても，なんとなくしか授業を見学できず，全体の流れがよくわかりませんでしたが，授業を「起承転結」の視点で捉えるようにしてからは，授業の全体像が見え始めました。これはPDCAサイクルと同様に，教育現場でも広く活用できるフレームワークです。そして，この「起承転結」の枠組を支える「指導技術」は，授業を成功に導くために欠かせないものだという確信に変わりました。

　もちろん，この本で紹介している「指導技術」がすべてではありません。

子どもたち一人ひとりの状況に合わせた指導が必要になります。教育現場は多様であり、どのクラスでも同じ技術が効果を発揮するわけではありません。

　しかし、私が感じるのは、こうした技術を「知る」こと自体が、先生方の引き出しを増やす大きな助けになるということです。今、目の前の子どもにはどのような指導が有効かを見極め、必要に応じて工夫し、アレンジしていただければ、本書の価値が発揮されるはずです。

　私自身も、怒涛の日々の中で悪戦苦闘しながら指導技術を磨いてきました。教育現場は多忙を極め、授業準備や指導スキルの向上に十分な時間をかけられないこともあります。しかし、こうした瞬間こそが、教師にとって「尊い時間」でもあります。何よりも今、子どもたちのことを考えながら授業に取り組んでいるその「瞬間」が尊いのです。

　授業の中でどの技術が使えるだろうかと考え、子どもたちにどう働きかけるかを模索するその過程が、明日への一歩をつくります。日々の授業、児童一人ひとりへの対応、保護者や地域との連携に追われる中で、教師自身が指導技術を深める時間を確保することは、決して簡単なことではありません。

　そんな中、本書を読んでいるこの「瞬間」こそが有意義なのです。

　子どもたちは、大人が何を考えているのかを察知するプロです。大人が感情的に叱っていれば子どもたちは反発します。子どものことについて親身に相談に乗ったり、何か理由があるのではないかといった無条件の信頼を寄せたりすることは、子どもたちにとって自身の心を開くための重要な要素となります。

　もちろん、それだけで子どもが心を開いてくれるほど現実は甘くありませんが、1つのきっかけにはなります。今、本書を読み、目の前の子どもたちの表情を思い浮かべながら、「どの指導技術があてはまるかな？」と考えながら読むと、明日が楽しみになりませんか？

　教師の所作や言葉かけ1つで、子どもたちには大なり小なり変化があります。変化がないというのも、ある種の成果であると思います。

指導技術を仕掛けるのは，「タダ」です。何度仕掛けてもよいと思います。ただし，効果がないのに，工夫を凝らさず何度も同じ指導技術を仕掛けると，「しつこい」と子どもたちは感じてしまうので，留意しましょう。

　私は，教師という職業の魅力は「裁量権」にあると考えています。教師は，毎日の授業の中で多くの決定を自分で行います。これこそが，教師にとって大きなやりがいであり，楽しさでもあります。

　私が教員になりたての頃は，周りの先生方が，なぜそれほど一生懸命に働けるのか，不思議に思っていました。「子どもたちのため」ということは理解していたものの，それだけではない何かがあるように感じていたのです。

　今になって，その理由がわかります。それは，教師自身が「楽しい」と感じるからなのです。その楽しさは，子どもたちと一緒に新しいことに挑戦し，試行錯誤する過程にあるのです。何か新しい試みをするたびに，子どもたちがその挑戦に反応し，ときには予想外の成長を見せてくれる。その瞬間が教師としてのやりがいであり，それがまた次の挑戦へとつながっていくのです。

　「子どものため」という大旗を掲げて，同僚や子どもを無理に巻き込む教師は，私は苦手です。「子どものため」というのは，教師という職業をしていることから，当たり前に全員がもっている視点です。これは，「子どものため」ではなく，新しいことをするのを「子どものせい」にしていると言い換えることができます。

　新しいことをするのは，勇気が必要ですよね。そんなとき，子どもの変容に期待しすぎると，子どもに対して「どうして自分の思い通りに動かないんだ」「こんなに考えているのにわかってくれないんだ」といった他責思考に陥ってしまいます。

　まずは，教師自身がワクワクする。これに尽きます。そうすると，自然と子どものためを考えた本質的な教育ができると思います。このワクワクが子どもたちの心に灯をつけます。その灯を見て，教師がさらにワクワクする，といったワクワクの連鎖こそが，今の教育現場には必要なのです。

あるとき，同僚の先生から「浦元先生はいつも機嫌がいいですね」と言われたことがあります。そのとき，私は「機嫌がいい」というのは，教師として最も大切な状態なのではないかと感じました。

機嫌がよいという状態は，前向きに生きている証拠であり，日々の授業に楽しみを見いだしているからこそ自然に生まれるものです。教師は，常に新しい挑戦をし続けることで，その楽しさを感じることができます。

私は，よく自転車に乗る姿をイメージします。自転車は，ゆっくり走るとふらふらしてしまいますが，スピードを上げると安定します。挑戦し続けるとは，まさにこの自転車のようなものです。スピードを上げ，前に進むことで，教師としてのバランスが取れるのです。

そして，その「挑戦」の1つが，本書で紹介した「指導技術」です。試してみることで，少しずつ明日の授業が楽しみになり，子どもたちとの学びがより豊かになっていくのです。

本書が，明日の授業をより楽しみ，子どもたちと向き合う時間をより充実させる一助となることを，心から願っています。

最後に，本書を書き上げるにあたって企画からお声がけくださり，東京で講演をする際には，足を運んでくださる明治図書の新井さんをはじめ，これまで教室でともに学んできた子どもたち，いつも信頼してくださる保護者の方々，執筆に際して応援してくださる管理職や教育委員会の方々，そして毎日を彩ってくれる家族，すべての方々にこの場をお借りして感謝の気持ちを伝えます。本当にありがとうございました。

2024年12月

浦元　康

■参考文献一覧

・新潟県立教育センター「子どもを認める100の言葉」
　http://www.niigata-educ.nein.ed.jp/06document/kodomo100.pdf

・向山洋一　著『新版　授業の腕を上げる法則』（学芸みらい社，2015）

・阿部真也　著『子どものやる気は「動き」で引き出す』（東洋館出版社，2022）

・三好真史　著『教師の言葉かけ大全』（東洋館出版社，2020）

・石井英真　著『授業づくりの深め方　「よい授業」をデザインするための
　５つのツボ』（ミネルヴァ書房，2020）

・鹿毛雅治　著『学習意欲の理論　動機づけの教育心理学』（金子書房，
　2013）

・『授業力＆学級経営力』編集部　編『なぜか学級がうまくいく心理術』
　（明治図書，2021）

・樺山敏郎　著『個別最適な学び・協働的な学びを実現する「学びの文
　脈」』（明治図書，2022）

【著者紹介】
浦元　康（うらもと　こう）
1994年鹿児島生まれ。大阪教育大学卒業。
当時教員採用試験最高倍率鹿児島県を現役合格。
地区教育論文7年連続入賞。複式学級担任経験有。研究主任・生徒指導主任などの校務分掌を歴任。
単著に『図解で詳しくわかる　先生1年目からの授業づくり完全ガイド』『学びのエンジンをかける机間指導』（いずれも明治図書）がある。
東京にて「Next Gen 教育」などの講演活動を行い，現場の声を大切にした活動を展開している。
SNS フォロワー3万人超。（2024年9月時点）
@ikkakuteacher

図解で詳しくわかる
先生1年目からの
全教科授業スキルアイデアBOOK

2025年2月初版第1刷刊	©著　者　浦　元　　康
	発行者　藤　原　光　政
	発行所　明治図書出版株式会社
	http://www.meijitosho.co.jp
	（企画）新井皓士（校正）阿部令佳
	〒114-0023　東京都北区滝野川7-46-1
	振替00160-5-151318　電話03(5907)6701
	ご注文窓口　電話03(5907)6668
＊検印省略	組版所　日本ハイコム株式会社

本書の無断コピーは，著作権・出版権にふれます。ご注意ください。

Printed in Japan　　　　　ISBN978-4-18-415229-8
もれなくクーポンがもらえる！読者アンケートはこちらから

まずは「型」を理解して、
安心の一歩を踏み出そう！

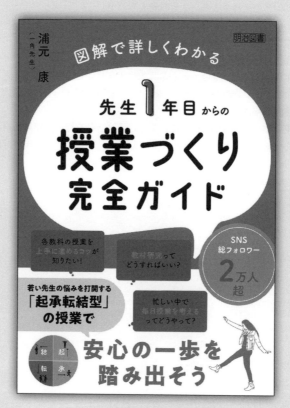

浦元　康
[著]

若手の間は覚えることが多く、不安もありますよね。本書では、授業づくりとは何を考えるべきか、1時間の流れをどう考えるか、教材研究の進め方は…など、授業全般の悩みにお答えします。安心のスタートを切り、さらなる成長も目指したいあなたのために。

176ページ／A5判／定価 2,266円（10%税込）／図書番号:4151

明治図書　　携帯・スマートフォンからは **明治図書 ONLINE へ**　書籍の検索、注文ができます。▶▶▶

http://www.meijitosho.co.jp　　＊4桁の図書番号で、HP、携帯での検索・注文が簡単に行えます。

〒114-0023　東京都北区滝野川7-46-1　ご注文窓口　TEL 03-5907-6668　FAX 050-3156-2790